2023 中国国土勘测规划院科技年报

中国国土勘测规划院 编著

地质出版社
·北京·

图书在版编目（CIP）数据

2023中国国土勘测规划院科技年报 ／ 中国国土勘测规划院编著． —— 北京 ：地质出版社， 2024．12．
ISBN 978-7-116-14552-8

Ⅰ．F321.1-54

中国国家版本馆CIP数据核字第2024PQ3305号

2023 ZHONGGUO GUOTU KANCE GUIHUAYUAN KEJI NIANBAO

责任编辑：	蔡　莹　程飞飞
责任校对：	王　瑛
出版发行：	地质出版社
社址邮编：	北京市海淀区学院路 31 号，100083
电　　话：	(010) 66554528 (邮购部) ；(010) 66554604 (编辑部)
网　　址：	https://www.gph.clmpg.com
传　　真：	(010) 66554686
印　　刷：	北京地大彩印有限公司
开　　本：	889mm×1194mm　1/16
印　　张：	8.25
字　　数：	150 千字
版　　次：	2024 年 12 月北京第 1 版
印　　次：	2024 年 12 月北京第 1 次印刷
定　　价：	98.00 元
书　　号：	ISBN 978-7-116-14552-8

（版权所有・侵权必究；如本书有印装问题，本社负责调换）

编委会
BIANWEIHUI

总 策 划：冯文利

主　　编：郭旭东

执行主编：蔡勇　陈涛　牟琼

编写人员：（按姓氏笔画排序）

于潇	马瑞	王锟	王锦	王亚琴
王光磊	王庆日	王庆宾	王志薇	王春宇
王晓莉	邓莉洁	艾华	左玉强	叶辉
田志强	史亚琨	吕烨	吕春艳	朱国华
刘鸿	刘冬玲	祁帆	花绍才	李华
李琪	李亚南	李欣哲	李雅莲	杨红
辛丽璇	沈佳萍	张辉(财务处)	张嘉	张露
张衍毓	张颖瑞	陆颖	陈川南	陈美景
陈桂坤	尚梦佳	呼莎莎	季宏伟	周弟桥
孟鹏	赵若玺	胡碧霞(集约所)	顾鹏程	殷悦
陶晓龙	黄亮	黄志凌	黄保华	康路
葛倩倩	程锋	温礼	雷逢春	戴建旺

前言
QIANYAN

2023年,中国国土勘测规划院(以下简称规划院)在自然资源部党组的正确领导下,始终坚持以习近平新时代中国特色社会主义思想为指导,深入学习贯彻党的二十大和二十届二中全会精神,坚决贯彻落实习近平生态文明思想和习近平总书记关于自然资源工作的重要指示批示精神,认真落实党中央及自然资源部党组的决策部署,坚持以党的政治建设为统领,紧紧围绕新时代自然资源工作定位,扎实推进理论研究、技术应用、科技创新和合作交流,为自然资源调查监测评价、国土空间规划与用途管制、自然资源资产保护利用与权益管理以及确权登记、耕地保护、督察执法等自然资源管理中心工作提供全链条业务支撑,发挥了全方位的基础性、公益性和综合性作用。

围绕自然资源部"两统一"职责,规划院全面深入地参与了新时代耕地保护制度改革工作,全流程参与起草了《中共中央办公厅 国务院办公厅关于加强耕地保护提升耕地质量完善占补平衡的意见》,构建了新时代耕地保护制度顶层设计。全方位支撑耕地保护和粮食安全责任制"首考"(耕地保护部分)工作,推动压实省级党委和政府耕地保护责任。加强耕地保护战略研究,助力耕地保护前瞻性、科学性、系统性决策。深入开展农村乱占耕地建房整治重大政策研究与评估,推动党中央、国务院决策部署贯彻落实。持续开展2023年耕地保护等土地政策实证监测评估,形成系列政策评估成果,为耕地保护治理体系和治理能力现代化提供了有力支撑。

规划院作为年度国土变更调查与动态监测的牵头组织实施单位，持续优化完善国土变更调查新机制、新方法，推动调查监测全流程数字化转型。持续推进自然资源调查监测应用支撑体系建设，探索建立多元协同感知网络。基于规划院主导建设的"国土调查云"平台，持续开展云原生升级、功能模块升级、用户管理和技术服务功能完善，全面加强"国土调查云"平台数据管理，构建全面安全防护体系。不断开展调查监测体系构建的工程化实践探索，逐步构建监测统筹、开放共享的工程技术体系。加强大数据分析和知识服务能力，初步形成标准统一的监测监管业务定制化平台。全面支撑服务耕地保护、用途管制和督察执法等监管工作。

规划院作为主要技术单位，全力支撑国土空间规划编制，深化"多规合一"改革，推进国土空间规划体系建设和用途管制制度研究。积极推进主体功能区战略研究，完善提升"双评价"研究；开展国土空间规划技术标准体系和实施监测评估技术体系建设，稳步推进国土空间规划城市体检评估，继续深化国土空间用途管制制度和监测评估技术体系研究；成功举办首届全国国土空间规划年会，围绕"多规合一"改革，健全城市规划体系，进一步凝聚行业共识。

持续优化完善地籍调查技术体系，全面推进自然资源和不动产统一确权登记。推动自然资源地籍调查相关技术标准研制和成果集成，开展重点区域自然资源统一确权登记，完成首批重要生态空间的自然资源确权登记；完善不动产地籍调查技术体系，大力推进城镇全覆盖不动产地籍调查与国家级数据库建设，规范开展农村不动产地籍调查与确权登记。

持续构建多层次全类型评价评估工作技术体系，深入推进工程化示范推广，为自然资源资产利用和权益管理提供重要支撑。积极推动耕地后备资源调查评价；健全完善节约集约利用评价体系与标准，推动评价成果集成与应用；深入推进低效用地再开发试点跟踪评估与政策研究，加强土地使用标准制修订；优化城市地价动态监测体系，定期开展住宅用地交易价格调查与监测；深入推进全民所有土地资源资产清查试点工作，完善清查技术标准，逐步优化耕地资源质量分类年度更新技术方法，稳步推进全国园地分等定级估价工作，持续开展全民所有自然资源资产价值评估与核算研究；持续开展全民所有自然资源资产所有权委托代理机制试点，深入推进自然资源资产价值实现机制研究，积极探索"两山"双向转化技术和政策路径；持续完善土地储备技术和政策体系，积极深化国有土地资源资产配置政策研究。

全力打造全国土地基础数据库，着力研发时空信息技术与数据产品，切实发挥国土行业全方位数据支撑保障作用。融合并集成大数据成果，奠定自然资源管理统一底图基础；建成高性能计算平台，奠定自然资源海量时空数据分析技术基础；构建了应用场景驱动的高效决策支撑机制，夯实国土空间治理的国家级数据支撑保障能力。2023年，完成年度变更调查国家级数据库更新入库，建成新一轮耕地后备资源调查评价国家级数据库，开展城镇国土空间监测试点数据汇总分析。利用数字化保障能力优势，承担自然资源部多项重大专项工程数据成果的质检、更新入库等任务，全面支撑变更调查、耕地质量分类、耕地后备资源调查评价等重点工作。

聚焦主业，大力推进科技创新体制机制建设，科技创新成效显著。全面加强自然资源部国土空间规划工程技术创新中心等科研基地建设，形成了由土地利用重点实验室、工程技术创新中心、野外观测站构成的完备的科技平台体系；持续推进重大科技研发任务实施，2023年，规划院承担的国家重点研发计划项目、国家自然科学基金项目、国家社科基金项目、科技部重大专项项目、自然资源部科技创新发展项目等顺利实施，获批国家科技任务5项，作为主要完成单位获省部级科技奖6项。

不断拓展国内外交流合作网络，广泛开展高层次学术交流合作，形成具有突出行业影响力的学术品牌。积极承担国际科技合作项目、主办国际学术会议，并依托高水平学术交流平台开展了多层次、多类型的学术交流活动。2023年，规划院专家成功当选联合国全球地理空间信息管理专家委员会亚太区域委员会执行局委员；在全球滨海论坛上发布首部《中国生态保护红线蓝皮书（2023年）》（英文版），承办联合国粮农组织世界粮食论坛青年论坛边会；主办第六届大都市规划国际咨询会。主办的《中国土地科学》学术期刊影响因子持续提升，成为本领域权威的中文核心期刊。组织规划院专家圆满完成2023年清华大学"土地管理与国土空间规划实务"课程授课工作等。

2023年，立足自然资源工作定位，在自然资源部党组的坚强领导下，在全院干部职工的共同努力下，规划院事业得到长足发展。在对一年来规划院各项工作进行全面总结的基础上，编写《2023中国国土勘测规划院科技年报》，旨在促进与自然资源部兄弟单位、地方自然资源主管部门、全国规划院系统及社会各界同仁的交流合作，共同推进我国自然资源事业高质量发展。

中国国土勘测规划院科技年报编写组
2024年9月

目 录
MULU

第一部分　业务工作概况 ······ 001
年度业务工作 ······ 002
基础能力建设 ······ 016
人才培养 ······ 022
合作交流 ······ 024

第二部分　科技成就 ······ 031

第三部分　项目进展 ······ 047
自然资源调查监测评价和确权登记 ······ 048
国土空间规划与用途管制技术 ······ 063
自然资源资产调查利用与评价 ······ 070
自然资源督察执法与耕地保护监督 ······ 085
科技创新与对外技术服务 ······ 091

第四部分　大事记 ······ 097

第一部分

业务工作概况
YEWU GONGZUO GAIKUANG

2023年是全面贯彻党的二十大精神的开局之年，也是规划院应势而变、积极谋划发展布局并全力推进的一年。规划院坚持以习近平新时代中国特色社会主义思想为指导，认真贯彻落实党中央和自然资源部党组的决策部署，紧紧围绕新时代自然资源工作定位，扎实推进各项业务工作，坚持系统谋划和创新突破紧密结合，坚持院内挖潜和开放办院同步推进，圆满完成2023年各项任务目标，精准服务支撑自然资源事业高质量发展的能力水平稳步提升。

年度业务工作

年度工作安排

根据自然资源部批复规划院的2023年部门预算,围绕自然资源部、规划院2023年重点工作及规划院职能定位,全年下达三批次业务计划,落实各类业务项目37项,经费总计13214.7万元。

2023年业务计划安排

业务类别	项目名称	经费/万元
自然资源调查监测评价和自然资源(不动产)确权登记类项目	年度国土变更调查与动态监测(年度变更调查)	6734.01
	自然资源调查监测数据分析评价	
	城镇国土空间监测试点	
	城镇全覆盖不动产权籍调查与国家级数据库建设	
	农村房地一体宅基地和集体建设用地权籍调查与确权登记	
	重点区域自然资源统一确权登记	
国土空间规划与用途管制技术类项目	国土空间规划创新研究	1553.32
	国土空间用途管制制度政策和运行体系研究	
	主体功能区战略制度和资源环境承载能力评价与监测预警工程	
	国土空间规划实施监督机制研究和实施评估	
	长江经济带国土空间规划编制与实施监测评估	
	国土空间规划动态监测评估预警和实施监管机制	
自然资源资产调查利用与评价类项目	土地资源资产价值评估与核算	2396.24
	自然资源价格调查、评价与监测	
	全民所有自然资源资产清查	
	自然资源等级调查与监测	

续表

业务类别	项目名称	经费/万元
自然资源资产调查利用与评价类项目	建设用地节约集约利用状况调查与评价	2396.24
	低效建设用地再开发利用与土地使用标准研制	
	土地储备监测评价与资产配置研究	
	全民所有自然资源资产所有权委托代理机制建立	
	2023年自然资源重大战略问题研究与智库建设（殡葬设施用地政策研究）	
自然资源督察执法与耕地保护监督类项目	农村乱占耕地建房问题专项整治	1939.71
	耕地保护督察执法与国土空间动态监测	
	自然资源管理中的土地政策实证监测评估	
科技创新与对外技术服务类项目	自然资源调查评价实验试验技术支撑体系与标准化建设（国土生态数据）	591.42
	国土保护利用格局演变及主要问题	
	吐哈盆地建设用地开发利用状况及潜力调查评估	
	基于多维度资源环境时空耦合的国土空间优化布局研究	
	中蒙俄经济走廊东线草地样地数据采集与变化驱动模型构建	
	北京市生态保护红线实施与生态效益评价——监测分析与保护成效评价	
	五一煤矿露采矿区新垦万亩农田技术方案设计	
	省域国土调查空间数据多场景智能化分析框架研究	
	新疆维吾尔自治区高标准农田项目管理平台技术支撑服务	
	东北人口收缩地区风险评估及规划技术研究	
	自然资源资产价值实现路径研究	
	九江市自然资源资产储备管理办法编制	
	盐碱地成因、分布及开发潜力研究	
合计		13214.70

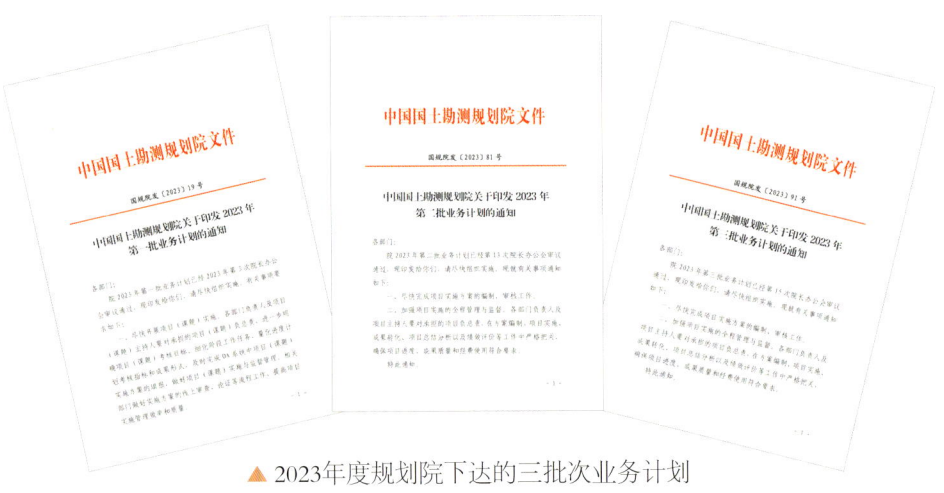

▲ 2023年度规划院下达的三批次业务计划

业务工作进展情况

2023年，规划院作为自然资源管理业务支撑服务部门，聚焦主责主业，持续巩固深化业务体系与能力建设，充分发挥技术、数据和政策等综合优势，在落实国家重大决策部署、自然资源领域改革、自然资源调查监测评价、国土空间规划与用途管制、自然资源资产保护利用与权益管理、耕地保护和节约集约用地、生态保护红线等重点任务中提供了可靠的技术服务，发挥了重要保障作用。各项业务工作取得突破性进展，科技创新和成果转化能力进一步提升，为自然资源管理决策提供了高效率、高质量的技术支持，为履行自然资源"两统一"职责提供了坚实保障，为服务自然资源部中心工作提供了有力支撑。

● **做强"自然资源调查监测与分析评价线"，深入推进调查监测数字化转型，有力支撑耕地保护和粮食安全责任制"首考"等自然资源部中心工作**

一是推动2023年国土变更调查质效双升，全力支撑保障耕地保护和粮食安全责任制"首考"（耕地保护部分）。牵头组织开展2023年度国土变更调查与动态监测工作，深入推动调查监测数字化转型，创新工作机制，减轻地方工作量。顺利完成全年日常变更调查成果核查工作，包括2万余个补充耕地项目、近千个增减挂钩节余指标跨省域调剂项目，以及2200多个区县的自主变更成果核查。在变更调查成果国家级核查中，构建地

▲ 2023年度全国国土变更调查业务培训班

类核查前置机制,成果数据快速支撑耕地保护和粮食安全责任制"首考"相关数据测算和评估。加强国土调查监测数据集成,对全国耕地数量和变化进行监测分析,为自然资源部耕地保护形势研判与决策提供支撑。二是以"国土调查云"4.0发布为抓手,全面加快"空天地网"一体化调查监测技术体系建设。积极开展工程化实践探索,聚焦监测"看得准、认得透、管得好",创新研发"国土调查云"4.0。举办全国调查监测业务交流会,为22个省级分中心授牌,推动形成"上下合作、统分结合、互联互通"的"国土调查云"应用体系,有力支撑耕地保护、督察执法和用途管制等自然资源部中心工作。三是以调查数据为基础,积极开展分析研究工作。顺利完成新一轮耕地后备资源调查评价工作,完成《耕地后备资源调查评价技术规程》修订和全国耕地后备资源潜力测算。切实发挥规划院"调查监测—评价评估—规划管制—权益管理"全链条业务优势,基于2022年度国土变更调查、"三线"划定、耕地后备资源专项调查等各项成果,编制形成《基于调查监测的国土空间保护开发形势分析报告》,获得自然资源部领导肯定。四是优化自然资源地籍调查技术体系,支撑首批重点区域自然资源确权登簿。全面支撑上海市崇明区东滩国际重要湿地自然资源确权登记,完成东北虎豹国家公园等5个国务院确定的国家重点林区自然资源权属核实和数据质检工作,指导省级开展自然资源确权登记。加快推动自然资源地籍调查技术标准的报批和成果集成,顺利完成行业标准《地籍数据库 第2部分:自然资源》和《自然资源地籍调查技术规范》

▲ "国土调查云"4.0发布仪式现场

▲ 新一轮全国耕地后备资源调查评价成果
专家咨询论证会

▲ 参加全国自然资源和不动产确权登记工作会议

《自然资源登记单元代码编制规则（送审稿）》的编制工作。五是加强不动产地籍调查技术规程建设，大力推进城镇和农村不动产地籍调查和确权。编制的《地籍调查规程》（GB/T 4257—2023）和《地籍调查基本术语》（TD/T 1077—2023）正式发布，并及时做好宣贯解读工作。按照不动产统一登记系统建设的总体思路，研制完善《地籍数据库建设工作方案》，稳步推进国家级数据库建设。全力支撑2023年城镇全覆盖不动产地籍调查，相关成果服务于自然资源管理和营商环境优化。服务农村房地一体宅基地和集体建设用地地籍调查与确权登记，圆满完成内蒙古等7个省（自治区、直辖市）的分片包干相关工作。

▲《地籍调查规程》和《地籍调查基本术语》

● 做优"国土空间规划与用途管制线"，深化"多规合一"改革，深入推进国土空间规划体系建设和用途管制制度研究

▲ 首届全国国土空间规划年会

一是成功举办首届全国国土空间规划年会。在自然资源部国土空间规划局指导下，规划院会同自然资源部系统相关单位，联合福州市自然资源和规划局等单位，精心筹备、精细部署，圆满举办了首届全国国土空间规划年会。年会聚焦"多规合一"管理前沿问题，突出行政权威发声，突出院士行业领军作用，突出重点领域系统设计，突出青年新锐积极参与，政产学研充分融合交流，获得社会普遍好评。二是深化主体功能区战略制度研究。组织编制《全国重点主体功能区优化实施规划》，形成数据、图件等系列成果，为健全主体功能区制度提供有力支撑；开展主体功能区配套政策研究，形成配套政策初稿；配合国务院研究室开展调研，同步开展自主实地调研和全国各省（自治区、直辖市）书面调研，形成多份重量级调研评估报告上报自然资源部；结合省级国土空间规划审查，确定全国县域主体功能区定位，形成全国主体功能区（县域单元）"一张图"，有力推进"多规合一"改革。三是认真做好重点区域的国土

空间开发保护研究。编制《京津冀国土空间规划（2021—2035年）征求意见稿》，探索区域国土空间规划编制的新方法和新模式；完成《推进京津冀协同发展存在问题及对策建议》并报中央财经委员会办公室参阅；完成城市群地区国土空间优化开发研究和农牧交错带等重点地区国土空间利用优化研究。四是扎实推进资源环境承载能力和国土空间适宜性评价（以下简称"双评价"）研究和国土空间规划技术标准体系建设。牵头组织实施《国土空间规划技术标准体系建设三年行动计划（2021—2023年）》。

▲ 自然资源部国土空间规划局召开《全国重点主体功能区优化实施规划》编制工作视频会

开展首都都市圈"双评价"，为首都都市圈国土空间格局优化提供支撑。总结各省、市"双评价"优秀方法和应用成效，形成《资源环境承载能力和国土空间开发适宜性评价成果优秀案例集》，为"双评价"国家标准的制订提供借鉴。参与编制的《省级国土空间规划编制技术规程》（GB/T 43214—2023）发布，参与编制的行业标准《主体功能区优化完善技术指南》完成报批。五是稳步推进国土空间用途管制制度研究。深入开展城镇开发边界划定分析，形成《全国城镇开发边界划定分析报告》，支撑自然资源部出台《自然资源部关于做好城镇开发边界管理的通知（试行）》（自然资发〔2023〕193号），规范开发边界管理；编制《国土空间用途管制办法》《国土空间用途管制通则》初稿，完成《自然生态空间用途管制理论与实践》《人与自然和谐共生》专著初稿，提出基于国土空间规划法、国土空间开

▲ 全国城镇开发边界划定情况分析研讨会

发保护法的国土空间用途管制建议。六是有力支撑生态保护红线工作，生态保护红线蓝皮书中、英文版首次发布。牵头组织完成31个省（自治区、直辖市）成果完善、技术审核和入库封库工作，全面完成陆海生态保护红线划定工作。8月15日，规划院组织编撰的《中国生态保护红线蓝皮书（2023年）》在首个全国"生态日"正式发布。这是中国首次以蓝皮书形式发布生态保护红线成果，中央电视台、人民日报社等国家媒体及行业媒体进行了广泛报道，引起了社会的高度关注。同时，为进一步宣传生态治理中

▲ 冯文利院长、田春华副院长先后接受央视采访

国方案，9月25日，冯文利院长受邀在第二届全球滨海论坛开幕式上代表规划院发布《中国生态保护红线蓝皮书（2023年）》（英文版），受到与会中外代表的高度赞扬。完成2023年生态保护红线监测及保护成效评估，形成《生态保护红线监测及保护成效评估技术指南（征求意见稿）》，积极推动国家尺度、市县尺度生态保护红线监测及保护成效评估工作。支撑开展全国自然保护地整合优化、红树林补充划入生态保护红线，以及北京市生态保护红线监测分析评价等。七是稳步推进城市体检评估和城市更新工作。积极推进全国105个城市、京津冀地级以上城市等重点城市体检评估分析，有序开展全国超大、特大城市国土空间韧性、全国住宅用地情况等专项体检评估研究；开发国土空间规划体检评估辅助软件，推动体检评估工作自动化、智能化。积极参加支持城市更新中的规划和土地政策指引（2023年版）制定，起草城市更新中关于土地政策的内容；完成《关于日本城市更新情况的报告》，并报自然资源部自然资源开发利用司，获自然资源部领导肯定性批示。

● **做实"自然资源资产保护利用与权益管理线"，持续优化自然资源资产评价评估监测技术与政策体系**

一是城市地价动态监测优化工作全面启动并稳步推进。率先完成长沙市等4个城市地价动态监测优化试点工作，研究构建新城市地价动态监测技术体系。全面完成105个城市地价监测调整完善工作，推进地价监测系统升级改造，编制《城市地价动态监测技术规范（修订草案）》。继续强化季度、年度监测工作，全年完成全国和71个城市住宅用地异常交易情况月报12期，297个地级以上城市市辖区商品住宅用地异常交易周报24期及

▲ 城市地价动态监测完善工作实地调研及专家研讨会

自然资源经济形势分析报告,提升监测结果对市场反应的灵敏度和贴合度。二是积极推动节约集约用地评价。深化节约集约利用状况工程性调查和评价工作。完成覆盖全国约2800个县级行政单元的整体评价汇总分析和全国开发区(产业园)土地集约利用状况监测统计分析,积极探索数据获取与信息化建设双轮驱动的工作效能提升路径。跟踪推进《审计重要信息》(第44号)所涉及87个开发区的用地问题整改工作,形成整改进展情况报告。积极推动评价成果集成与应用,出版专著《建设用地节约集约利用评价探索(1999—2010年)》,推动《中国城市建设用地节约集约利用报告》NO.3、NO.4的编写和出版工作。《建设用地节约集约利用评价规程(报批稿)》《建设用地节约集约利用评价数据库建设规范(征求意见稿)》两项行业标准通过全国自然资源与国土空间规划标准化技术委员会国土空间规划分技术委员会审查。三是深化低效用地再开发利用相关研究与土地使用标准优化研究。开展试点地区推进情况跟踪研究,形成泉州市盘活利用低效用地试点工作调研报告及相关建议。开展城中村改造研究和实地调研,围绕城中村改造模式、标准和典型案例进行研究,起草《自然资源部关于城中村改造有关情况的调研报告》《地方城中村改造工作情况汇编》等系列报告。积极开展土地使用各类标准制修订工作,研究制定城市轨道交通工程项目建设用地、光伏发电站工程项目用地、工业项目建设用地、石油天然气工程项目用地等控制指标。四是积极推进自然资源资产清查试点工作。建立全国内涵统一、空间和地类上全覆盖的全民所有建设用地清查价格体系和基于二级地类的农用地国家级价格体系。全面梳理总结试点经验,进一步优化完善全民所有农用地、建设用地清查技术标准。有序

▲《建设用地节约集约利用评价探索(1999—2010年)》

▲ 赴泉州市调研盘活利用低效用地试点工作情况

▲ 赴贵州省开展全民所有自然资源资产清查工作调研

推进未确定使用权人国有建设用地资产清查，研制《未确定使用权人国有建设用地资源资产清查技术规程》；推进全民所有自然资源资产负债表编制，完成全国及各省（自治区、直辖市）试编工作。深化清查成果在资产配置规划、自然资源资产报告等方面的应用研究。五是全面开展全民所有自然资源资产所有权委托代理机制试点工作。深化委托代理机制顶层制度设计研究，形成《全民所有自然资源资产配置规则研究报告》《国有农用地和未利用地权利体系和配置规则研究报告》《国有自然资源资产出资人职责制度研究报告》等重要报告；完成西藏自治区委托代理机制试点任务，形成《西藏自治区国有建设用地使用权配置管理办法》等12项研究成果，为全面构建委托代理机制提供"西藏方案"。六是全力深化自然资源资产价值实现机制研究，探索"两山"双向转化技术和政策路径。深化自然资源资产产权体系研究，研究制订《自然资源资产产权赋能体系政策指引》；开展自然资源资产储备机制研究，创新自然资源资产储备模式，探索建立储备制度体系；开展自然资源资产组合交易市场机制研究，配合研究制订自然资源资产交易管理办法，建立健全自然资源资产运营市场机制；开展自然资源资产运营资金保障及收益分配机制研究，研究构建中央和地方收益分配比例及支出结构，完善全民所有自然资源资产收益管理制度。深入开展自然资源资产价值实现路径研究，推动研究成果实践转化。

▲ 自然资源资产价值实现机制研讨会

● 做亮"数据驱动平台"，推动国土空间治理与共享服务"数智化"转型

一是以农业生态区法（AEZ）模型研发为抓手，推动数据汇集管理与深度挖掘。建设基础数据库，完成年度数据更新，形成2022年度全国国土变更调查国家级数据库，并完成多轮次、多专题国家级汇总分析，日常海量图斑叠加处理73万余次；推进大食物观下的粮食生产潜力模型研制，开展全球农业生态区划模型（GAEZ）研究，形成了我国小麦、水稻、玉米三大主粮生产潜力测算初步成果和我国不同时期耕地粮食生产潜力变化和空间分异研究成果，形成相关报告；建成集面积、

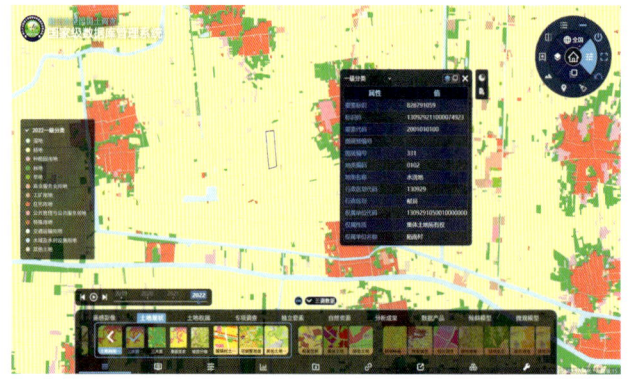

▲ 全国国土调查国家级数据库成果（2022年度）

第一部分 业务工作概况

类型和分布于一体的新一轮全国耕地后备资源潜力数据库，并结合多源数据，形成集中连片、格局演变等数据集成成果，直接支撑东北地区耕地后备资源开发重大工程建设；创新开展全国及超大特大城市城中村现状情况统计分析，快速形成相关数据汇总报告，获自然资源部领导批示。二是加快自然资源部土地科学数据中心建设，数据共享服务机制不断优化。编制的《自然资源部土地科学数据中心组建与运行方案（2023—2025）》正式获批，起草完成《土地科学数据共享管理办法》等系列文件，初步形成系列数据产品，土地科学数据中心共享服务网站正式开通上线，实现了与"国土调查云"的交互共享。做好2022年度变更调查专题数据产品加工，生产多尺度土地利用栅格数据和网格数据；面向国土空间监测指标及各类国土调查专题衍生信息，构建对应算法模型并研发工具软件，制作形成多形态土地融合数据产品。

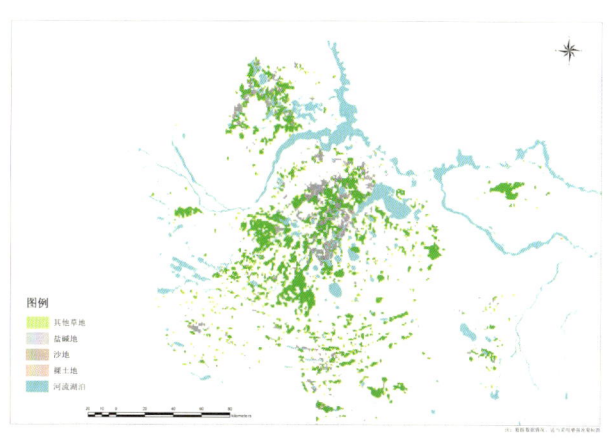
▲ 耕地后备资源空间分布图

▲ 自然资源部土地科学数据中心网站

三是增强算法算力模型功能，数据服务效能不断提升。全年向自然资源部及省级相关单位等提供专题分析与数据服务332次，数据服务成果达200TB，有力地支撑了陆海统筹、督察执法、林草资源监测和占补平衡等工作。全力做好耕地保护和粮食安全责任制"首考"的技术保障，研制数据要求和计算规则，研发数据、模型管理等7个功能模块，搭建考核数据自动运算流程，坚决夯实考核数据基础。规划院大数据能力从数据管理向决策计算和科学共享的方向转变。

● **做深"政策研究平台"，全面支撑耕地保护研究，增强自然资源管理决策服务能力**

一是深度参与自然资源部耕地保护重大制度研究和智库建设。基于规划院耕地后备资源和可恢复耕种农用地相关分析成果，起草了《全国耕地占补平衡形势分析报告》《全国耕地占补平衡补充耕地潜力测算报告》《基于耕地后备资源潜力的全国2021—2035年耕地占补平衡实现程度分析报告》等一系列分析报告，相关成果直接应用于中央财经委员会第二次会议向习近平总书记汇报稿；全程参与起

▲ 邓红蒂副院长带队参加耕地保护考核工作研讨会

草拟以中共中央、国务院名义印发的《加强耕地保护提升耕地质量改进占补平衡的意见》（报批稿），编制了起草说明、政策解读等相关配套材料。认真落实自然资源部智库建设要求，完成调研、力量配备和课题设置研究等任务。二是全方位支撑耕地保护和粮食安全责任制"首考"工作。派出骨干力量参加耕地保护考核专班，参与耕地保护和粮食安全责任制考核（耕地保护部分）指标、权重、评分规则等报告的编写和设计，起草耕地保护工作规则、评分细则等政策文件，编写耕地保护考核现场抽查指南、手册、作战图等材料，并赴河北省、山东省开展试抽查；完成2022年全国耕地保护目标试考核，优化核算规则、流程和标准的整体设计。三是持续推进农村乱占耕地建房整治重大政策研究与评估。对涉及非住宅类房屋专项整治试点延期的政策开展评估；对农村乱占耕地建房专项整治存量问题分类处置中的难点、堵点问题开展研究，对全国18个省份的试点地区开展跟踪监测与绩效评估，研究提出相关政策建议。四是全力做好2023年土地政策实证监测评估工作。包括全面梳理全国各省（自治区、直辖市）落实耕地进出平衡政策情况；开展全国耕地非粮化调研；完成土地征收成片开发评估工作等。其中，开展"山上"换"山下"耕地布局优化研究的相关成果应用于与耕地保护相关的中央文件中。同时，进一步加强土地政策实证研究基地建设，为江西省"萍乡市土地政策实证研究基地"授牌，召开2023年度土地政策实证研究基地交流会，积极打造规划院"实体部门+实证基地+实务专家"政策研究开放平台。

▲ 冯文利院长为"萍乡市土地政策实证研究基地"授牌

● **做大"科技创新平台"，强化科技成果精准服务生态文明和自然资源管理能力**

一是全面加强国土空间规划工程技术创新中心等科研基地建设。土地利用重点实验室顺利通过自然资源部组织的评估；国土空间规划工程技术创新中心建设全面推进，体制机制逐步完善，人才团队建设初见成效，与阿里云、北京大学的合作取得重要进展，一批联合攻关课题落地实施，平台进入常态化运行阶段；2023年新增4个部级野外站，目前规划院已在长三角、鄱阳湖流域、成都平原、西南喀斯特山地、黄淮海平原、准格尔盆地等典型区域联合建设了11个自然资源部野外科学观测研究站，初步形成覆盖全国重点地域类型的科学观测网络。至此，规划院形成了由实验室、工程技术中心、野外站构成的完备的科技平台体系，

▲ 宋海荣副院长主持自然资源部陆地自然资源生态系统野外科学观测研究站学术交流会

为下一步国土科技攻关奠定平台基础。二是持续推进重大科技研发任务实施。积极参加第三次新疆科考，顺利完成吐哈盆地建设用地节约集约利用潜力调查与评估2023年任务；成功申报国家科技任务5项，包括面向文物保护与利用的国土空间规划关键技术研发与应用、国土空间安全底线管控状态快速识别与评价预警技术、自然资源核心业务知识化监管与服务、面向地质灾害防御的国土空间韧性评估与智能监测、重要基础设施地理空间特征调查与数据产品研制等；成功申请江西、山东、黑龙江、宁夏四省（自治区）"生态保护红线监测监管关键技术及应用示范"部省合作试点项目。三是顺利推进中国工程院战略研究与咨询课题实施。认真开展中国工程院战略研究与咨询项目课题"国土保护利用格局演变及主要问题"相关研究；完成中国工程院战略研究与咨询项目"国土空间治理现代化战略研究"验收；积极参与中国工程院从山顶到海洋"天空地海"一体化生态环境监测网络体系战略研究院士咨询项目。四是高度重视并统筹推进标准化建设。认真履行全国自然资源与国土空间规划标准化技术委员会自然资源调查监测、土地资源利用和国土空间规划分技术委员会秘书

▲ 参加中国工程院战略研究与咨询项目"国土空间治理现代化战略研究"结题专家会议

处职责，持续推进标准化体系建设。2023年重点在推动调查、评价和规划标准的贯通协同上下功夫。着重对《省级国土空间规划编制技术规程》和《地籍调查规程》两个国家标准开展系列宣传解读，促进标准实施应用效果提升。

● **做好"交流合作平台",不断提升规划院品牌影响力和国际知名度**

一是深化拓展国内合作网络。与北京市城市规划设计研究院签订了战略合作协议,共同举办国土政策论坛"构建现代化产业体系的土地要素保障";与北京大学城市与环境学院签订战略合作框架协议,积极推进项目合作,并举办"构建高质量发展的国土空间体系"研讨会。成功举办全国国土勘测规划院调查监测业务交流会,加强

▲ 规划院与北京大学城市与环境学院签订战略
合作框架协议

与全国国土调查领域技术单位的协作,围绕新时代自然资源调查监测评价等重要业务领域汇聚众智众力。二是积极主动开展国际合作与交流。组织专家参加联合国全球地理空间信息管理专家委员会亚太区域委员会第12届全体会议暨亚太地理空间论坛,专家组先后完成主旨报告和联合国综合地理空间信息框架(UN-IGIF)实施情况报告交流等,冯文利院长当选亚太区域委员会执行局委员,有力推动了中国国土调查技术的数智化创新走向世界。联合主办以"超大城市发展:挑战

▲ 冯文利院长在第六届大都市规划
国际咨询会上致辞

与未来"为主题的第六届大都市规划国际咨询会,邀请外方专家参会,作大会主旨发言,组织相关论坛,推动大都市之间的规划交流。成功承办联合国粮农组织世界粮食论坛青年论坛边会,选派3名青年专家参加联合国亚洲和太平洋经济及社会委员会等组织举办的东南亚弹性农业地理空间信息应用区域论坛。积极推进与能源基金会(美国)、世界银行、国际测量师联合会(FIG)、德国技术合作公司(GTZ)、联合国环境规划署(UNEP)的合作与交流,并取得重要阶段性成果。三是认真做好中国土地学会学术交流组织保障工作。顺利召开2023年度土地学会学术年会,以"土地使用制度创新与乡村振兴"为主题,设9个线上分会场,深入交流学术成果;高质量完成2022年度自然资源科学技术奖(土地类)评审;持续做好全国"土地日"科普宣传;积极推进和保障中国土地学会地籍分会的学术交流工作。四是稳步提升学术期刊质量,搭建学术交流平台。顺利完成2023年度《中国土地科学》

第一部分 业务工作概况

▲《中国土地科学》获评"2023中国最具国际影响力学术期刊"

期刊出版工作,优化"初审—评审—复审—终审"四审制度,期刊学术质量稳步提升,复合影响因子和期刊综合影响因子分别比2022年提高了5.94%和8.68%,再次获评"中国最具国际影响力学术期刊"和"世界学术影响力Q1期刊",达到了国际先进学术期刊水准。2023年在研科技项目情况见下表。

2023年在研科技项目情况一览表

序号	所属计划(基金)	项目(课题)名称	主持人
1	国家自然科学基金重点项目子课题	人类扰动下喀斯特森林长时间序列动态变化及驱动机制	史良树
2	国家重点研发计划子课题	韧性城市智能规划平台的规模化应用示范	杨冀红
3	科技部重大专项	塔里木河流域土地资源开发利用时空变化调查	汪秀莲 王荣彬 张定祥
4	自然资源部碳中和与国土空间优化重点实验室开放基金研究项目	东北黑土区耕地时空变化及其碳效应研究	张定祥 李业南
5	国家社科基金项目子课题	土地发展权作为宏观调控的政策工具与区域均衡发展	祁帆
6	国家重点研发计划子课题	典型复杂场景解译验证研究	汪晓帆
7	国家重点研发计划子课题	亚太区域对地观测数据枢纽(AO-DataHub)应用示范	王亚琴
8	中国工程院战略研究与咨询项目	国土保护利用格局演变及主要问题	戴建旺 陈瑜琦 吕春艳
9	国家重点研发计划子课题	吐哈盆地建设用地开发利用状况及潜力调查评估	曾珏 左玉强
10	国家重点研发计划子课题	基于多维度资源环境时空耦合的国土空间优化布局研究	张辉(规划所)
11	国家重点研发计划——政府间国际科技创新合作项目子课题	中蒙俄经济走廊东线草地样地数据采集与变化驱动模型构建	史良树 战鹰 王亚琴

基础能力建设

2023年，规划院扎实开展学习贯彻习近平新时代中国特色社会主义思想主题教育，在落实"学思想、强党性、重实践、建新功"中，深刻领悟"两个确立"的决定性意义，增强"四个意识"、坚定"四个自信"、做到"两个维护"，不断优化完善五大保障体系，为规划院事业发展保驾护航。

● **强化党建引领，认真落实全面从严治党各项要求**

○ **坚持将政治建设摆在首位，严格落实全面从严治党主体责任，强化"一岗双责"**

落实党建工作责任制，坚持党建、业务同部署、同落实、同考核，抓牢"三个清单"，确保政治责任落地。圆满完成规划院"两委"换届选举工作。坚持把班子建设放在首位，严格落实民主集中制和"三重一大"重要事项决策机制，制定印发《中国国土勘测规划院党委会议讨论决定事项清单》，全年研究审议重要决策事项119项；坚持党委会议"第一议题"制度和中心组学习制度，全年集中学习16次，集中研讨4次；严格落实

▲ 规划院新一届"两委"委员

"一岗双责"要求，班子成员既要管业务也要抓思想、带队伍，做到对分管部门意识形态、党风廉政建设和安全工作的常态化督导检查。

○ **聚焦学懂弄通做实，以"五型"基层党组织创建为抓手，推动主题教育走深走实**

系统谋划推进主题教育、干部教育整顿、纪检干部教育整顿和信息化专项整治工作，以建设"四强"党支部为目标，全面开展"五型"基层党组织创建活动。突出"谋划"抓部署，制定实施方案，成立领导小组及办公室，强化组织领导。突出"特色"抓创建，结合规划院发展阶段和人才队伍现状特点，主动探索开展"五型"基层党组织创建活动，聚共识、搭平台、强队伍，凝练"忠诚、学习、创新、实干、团结"的精神文化内核。突出"运用"抓学习，聚焦重点业务领域的难点、堵点问题，围绕

破局解题开展3次集中交流研讨；立足国土空间规划、生态保护、数字化服务支撑等重要职责，推出19期"周末讲堂"，邀请傅伯杰、于贵瑞等院士、专家来规划院授课，补短板、强弱项、拓眼界，深化学

▲ 中国科学院傅伯杰院士、于贵瑞院士在"周末讲堂"授课

习成果运用。突出"难点"抓调研，在高质量服务支撑上选题破题，"深入推进调查监测数字化转型"重点调研课题取得重要成果并迅速转化运用。围绕调研课题，组织调研攻关团队，赴中、西部8个省份，走进基层一线、行业头部企业和高校、科研院所开展实地调研。在自然资源部召开的调研成果交流会上，作为系统内事业单位代表交流分享调研成果，并积极运用调研分析成果，提出国土变更调查优化方案。突出"贯通"抓整治，坚持把问题整改贯穿主题教育始终，一体化推进信息化专项整治、纪检干部教育整顿、干部队伍教育整顿等工作，分别制定工作方案，做到各项工作整体贯通、认真检视、有序查摆、从严整改，目前15项整改任务已全面完成，并取得重要成果。

▲ 冯文利院长在自然资源部主题教育调研成果交流会上的发言主题

◎ **加强党风廉政建设，深化廉洁教育正风肃纪**

加强制度建设与执行，制定印发《中国国土勘测规划院纪律监督与各类监督贯通协同的实施意见》《中国国土勘测规划院党员干部廉政档案工作细则》《中国国土勘测规划院外协项目遴选监督工作细则（试行）》等3项制度；落实廉政意见征求制度，全年出具廉政意见138人次。抓好廉政警示教

育，筑牢拒腐防变思想防线，全年推送"纪法小课"35次，典型案例通报102例；开展反腐蚀、反"围猎"警示教育，对关键岗位和重点环节人员经常性提醒，组织召开年轻干部警示教育大会和信息化建设领域专项廉政提醒会。全面梳理总结纪检工作授权管理试点工作经验，邀请专家交流座谈。在第48次自然资源部党组会议上，授权试点工作得到了自然资源部党组的充分肯定和表扬。

▲ 规划院纪委书记马成俊在纪检工作授权管理试点工作专家座谈会上作总结发言

◎ 积极营造和谐向上的工作氛围

加入"长安街读书会"党建阅读合作机制，开展"幸福生活·如花绽放"妇女节插花花艺培训活动，组织书法、篮球、羽毛球、乒乓球、台球等兴趣小组，开展常态化活动，积极参加自然资源部羽毛球、乒乓球等赛事活动，举办职工运动会，努力丰富职工业余文化生活。关爱职工身心健康，组织职工体检，发放小药包，特别是针对职工工作压力大、身体亚健康的问题，开展"凝心聚力 奋勇争先 建功新时代"主题健步走活动，把一次活动变成常态化活动，每月进行评

▲ 在北京西山国家森林公园开展"凝心聚力 奋勇争先 建功新时代"主题健步走活动

比，在职工中树牢"健康工作生活"的新理念。时刻关注离退休干部群体，落实《中国国土勘测规划院干部职工荣誉退休制度》，坚持常态化关心关怀，增强老干部的归属感和幸福感。全院上下形成凝心聚力、团结共进的和谐文化氛围。

● 强化队伍建设，积极推进人才培养激励措施

◎ 新"三定"规定正式印发实施

主动适应以"两统一"为核心职责的自然资源管理新形势、新要求，科学谋划发展体系，合理设置内设机构，2023年8月18日，规划院新"三定"规定经自然资源部党组审议通过，正式印发实施。

为更加精准地服务支撑自然资源部中心工作，规划院利用两个月时间深入开展大调研活动，系统谋划未来5年"12345"总体发展战略。由此，业务及人才布局与发展战略同向发力，为事业发展绘就蓝图。

◎ **积极有序推进专业技术岗位遴选和部门领导岗位选拔常态化机制建设**

聚焦干部职工高度关注的选人用人问题，坚持双轮驱动，积极推进专业技术岗位遴选和部分部门领导岗位选拔，出台《中国国土勘测规划院岗位设置管理办法（试行）》，通过多种形式引进20位优秀人才，推选8位部门副职走上领导岗位，87位同志顺利实现岗位晋级，有力推动了规划院人才梯队建设。

◎ **坚持系统观念，研究制定一揽子激励机制举措**

成立专班，通过走访调研、专家研讨、意见征集等多种形式进行多轮完善，印发实施《中国国土勘测规划院关于进一步优化完善激励机制举措的指导意见（试行）》。从绩效工资管理、成果转化、高层次人才作用发挥、青年人才培养、创新平台建设、业务项目管理、岗位管理、文化建设等8个维度，制定出台了一揽子具体举措，为激发全院职工的工作积极性、主动性和创造性带来新动能。

▲ 规划院"12345"总体发展战略图

▲ 专业技术岗位遴选会

● **强化宣传工作，在宣传机制和质量提升上下功夫**

◎ **宣传工作的布局机制有序调整优化**

研究制定宣传工作整体优化方案，制定宣传工作评分细则，研究制定2023年度宣传工作清单，从宣传工作布局、机制、重点、绩效和考评等多角度夯实宣传工作根基。

◎ 积极扩大宣传工作"朋友圈"

与中国日报社、中国自然资源报社、中国土地杂志社等多家报纸杂志社建立合作伙伴关系，加强与中央电视台等新闻媒体的密切合作，针对重要时间节点和重大工作任务加强宣传报道，如在全国"地球日"、首个全国"生态日"期间，持续开展"生态保护红线"系列宣传活动，推出宣传产品，为行业发声，社会反响强烈。

▲《中国自然资源报》对我国首部生态保护红线蓝皮书进行深度报道

▲ 规划院宣传工作座谈会

◎ 建强宣传平台并持续推出特色宣传产品

持续打造自有宣传渠道平台，《地政研究动态》的数量和质量进一步提升。持续优化网站版式布局、优化订阅号内容分享机制，加强信息发布内容的时效性、可读性和可观性。制作规划院官方表情包，上线并推广使用；组织编制规划院宣传册，组织制作《勘测国土　规划山河》宣传片，对规划院成果及人才积淀和未来发展布局进行深入宣传，积极提升行业影响力。

▲《勘测国土　规划山河》宣传片

● 强化财务管理，严格落实过"紧日子"要求

一是加强预算管理工作。认真落实财政预算"一体化"系统上线运行工作要求。加强预算管理与

第一部分 业务工作概况

执行，大力压减外协经费，优化预算结构，保障2023年规划院各项重点任务经费需求。坚持做好项目预算执行跟踪与督导，预算执行率达到94.45%。二是做好内控管理。防范资金风险，2023年，规划院所有预算管理、收支管理、合同管理等业务均在线运行，提高了工作效率和管理效果，在自然资源部财务司组织的"以评促建"工作中，考核结果为"优"。三是做好资产管理与盘活再利用。认真落实"坚持勤俭办一切事业"的工作要求，做好资产配置、处置与盘活再利用，最大限度发挥资产使用价值。

▲ 规划院内部控制信息系统

● **强化安全保障，坚决守好安全发展底线**

一是打牢底线类工作基础。及时调整优化8个底线类工作领导小组，明确相关职责划分和工作要求。二是完善工作机制要求。健全完善学习、工作和议题审议制度；制定年度工作要点；查缺补漏，完善重要制度要求。三是加强学习教育和宣传工作。认真推进相关宣传教育活动，以全民国家安全教育日、安全生产月、信息化专项整治等重要节点为契机，认真开展安全教育培训。四是认真做好督导检查。先后开展消防演练、安全隐患排查、保密督导检查，及时有效防范漏洞风险，以"时时放心不下"的责任感全力营造安全、舒适、和谐的工作环境。

人才培养

2023年,规划院深入贯彻落实自然资源部各项决策部署,坚持"人才兴院"理念,加强干部队伍建设,强化干部管理和监督,健全完善激励机制,为规划院事业高质量发展全力做好人才保障。

● 立足当前,着眼长远,统筹推进"三定"规定出台落地

2023年,规划院认真贯彻落实自然资源部党组要求,主动适应以"两统一"为核心职责的自然资源管理新形势、新要求,科学合理设置内设机构,统筹编制资源,努力构建运行通畅、充满活力、高效务实的工作体系,在规划院党委的统筹部署下,经全院各级干部职工共同努力,规划院新"三定"规定于8月正式印发实施。

● 守正创新、正向激励,探索出台完善激励机制举措的指导意见

为形成规划院体系化激励机制举措,充分激发全院职工的工作积极性、主动性和创造性,促进高质量发展。在规划院党委的统一部署下,成立领导小组和工作专班,全力推动激励机制探索、创新、完善工作。专班成员全面系统梳理和分析已有的科技创新领域激励制度、人事管理方面的考核奖励以及相关福利保障等制度,并由冯文利院长带队,先后赴四家事业单位开展走访调研,学习先进经验和有效做法,形成《激励机制调研报告》。在此基础上,工作专班多次开展专题研讨,邀请外部专家咨询论证,经征求各部门意见后,《中国国土勘测规划院关于进一步优化完善激励机制举措的指导意见(试行)》于6月正式印发实施。

▲ 宋海荣副院长解读《中国国土勘测规划院关于进一步优化完善激励机制举措的指导意见(试行)》

● 规范程序、择优推荐,有效实现领导岗位与专业技术岗位人才双轮驱动

结合各部门领导岗位配备现状和工作需要,规划院积极统筹谋划,全年共分两批开展了部分部门领

导岗位选拔任用工作，经认真组织履行谈话调研推荐、会议推荐、考察和公示等程序，有8位部门副职走上领导岗位，有效加强了相关部门的班子建设。为做好对自然资源部的技术支撑和政策服务，同时贯彻落实人才发展战略和遴选常态化机制，结合自然资源部批复的各层级岗位指标数，分批次组织开展了专业技术岗位遴选工作。经组织报名、资格初审、陈述答辩、遴选投票和公示等程序，2023年共有87位同志顺利实现岗位晋级。

▲ 2023年度公开招聘应届高校毕业生笔试工作现场

● **拓宽渠道、统筹布局，吸纳引进各学科多层次优秀专业人才**

实施更加积极、更加有效的人才引进政策，拓宽思路，多渠道、有计划、分步骤、有重点地开展人才引进工作，通过招录应届高校毕业生、有工作经验的在职人员、劳务派遣人员，以及博士后在站培养4种途径，全年共引进20位优秀人才，为实现创新发展提供坚强的人才保障。为进一步充实多学科、多领域的年轻人才队伍，根据人才队伍现状和各部门实际需求，编制并上报了2024年公开招聘毕业生计划。

● **深化改革、注重实效，逐步构建更加成熟的人事管理制度体系**

积极落实自然资源部人事司有关加快推进人事改革制度落地见效的指导意见，结合规划院实际情况，逐步构建科学有效的人事管理制度体系。为进一步规范编外聘用人员管理，建立规范合理的编外聘用人员用人机制，制定出台了《中国国土勘测规划院编外聘用人员管理暂行办法》；为建立健全人才引进机制，进一步推进招聘工作科学化、制度化和规范化，制定出台了《中国国土勘测规划院公开招聘高校应届毕业生暂行办法》。为提高干部选拔任用工作科学化、规范化水平，建设一支忠诚干净担当的高素质专业化干部队伍，制定出台了《中国国土勘测规划院内设机构领导干部选拔任用工作管理办法》；为完善工资收入分配制度、促进事业发展和人才队伍建设，充分激发职工的工作积极性，制定了《中国国土勘测规划院绩效工资管理办法》（初稿）。

合作交流

2023年，规划院实施新"三定"规定方案，积极推进学术合作与交流，以新发展理念引领新发展格局，将恢复与国际组织机构的联系作为国际合作与学术交流的重点工作，不断探索新时代新形势下国际合作方式。

● 对标重点工作布局，积极推进学术合作与交流

◎ 顺利召开2023年中国土地学会学术年会

▲2023年中国土地学会学术年会

2023年中国土地学会年会以"土地使用制度创新与乡村振兴"为主题，紧紧围绕党中央、国务院实施乡村振兴的战略部署，围绕新时代自然资源工作新定位，紧扣土地使用制度创新的热点难点问题，开展学术研讨，交流学术成果。来自国务院发展研究中心、中国科学院、自然资源部系统的6位专家分别作主旨报告。学术年会开幕式上还宣布了2022年度自然资源科学技术奖（土地类）的评审情况，并为2023年中国土地学会学术年会青年优秀论文获奖作者代表颁奖。年会开幕式和学术报告同步进行网络直播，收看人数达55万人次。本次年会设立9个线上分会场，分别围绕耕地保护助推乡村振兴、智慧规划与空间治理等议题开展学术交流。

◎ 持续做好全国"土地日"宣传活动

2023年6月25日是第33个全国"土地日"，为引导广大青年学者积极参与土地日宣传活动，促进全社会树立节约用地、保护耕地的意识，规划院与中国土地学会科普工作委员会、自然资源部土地利用重点实验室、自然资源部乡村规划与治理工程技术创新中心联合在北京举办了以"节约集约用地　严守耕

地红线"为主题的青年学者座谈会。规划院吕烨副研究员等9位青年学者从理论和实践等不同角度发表了对耕地保护的认识和见解。会议采取线上线下结合的方式,中国土地学会部分会员、全国部分高校代表、土地科技工作者代表和自然资源行业代表等共300余人在线参加了座谈会。

◎ 积极推进学术合作与交流

一是举办了中国土地学会2023年新春学术报告会;二是举办了第12期土地大讲堂,其间,中国土地学会秘书长高延利作"第三次全国国土调查"专题讲座;三是以"点亮精神火炬"为主题举办了全国科技工作者日科学家精神传承会议;四是以"提升全民科学素质,助力科技自立自强"为主题举办了全国"科普日"系列学术活动;五是继续开展青年人才托举工程的组织指导工作;六是开展人才推荐工作,包括光华工程科技奖提名人选、全国创新争先奖人选推荐等。

● **创新发展理念,积极推进国际合作与交流**

◎ **规划院专家成功任职于联合国全球地理空间信息管理专家委员会亚太区域委员会(UN—GGIM-AP)**

在7月参加UN—GGIM大会的基础上,11月,组织专家赴印度尼西亚巴厘岛参加联合国全球地理空间信息管理专家委员会亚太区域委员会第12届全体会议暨亚太地理空间论坛,专家组先后完成了关于主旨报告、联合国综合地理空间信息框

▲ "节约集约用地 严守耕地红线"青年学者座谈会现场

▲ 第12期土地大讲堂在线举办

▲ 冯文利院长当选联合国全球地理空间信息管理专家委员会亚太区域委员会执行局委员

架（UN—IGIF）实施情况报告材料准备、工作组交流、研讨交流等。冯文利院长作为中国代表当选亚太区域委员会执行局委员。UN-GGIM是全球最高级别政府间地理空间信息合作机制，冯文利院长的当选，标志着规划院正式作为国家队亮相国际领域，是中国专家参与国际事务的成功范例。其他专家也分别加入了相关工作组，通过多边组织平台，建立与各国机构的联系。

◎ 翻译《中国生态保护红线蓝皮书（2023年）》，在全球滨海论坛上发布

规划院编写的《中国生态保护红线蓝皮书（2023年）》在2023年8月15日首个全国"生态日"上正式对外发布后，受到社会各界的广泛关注。自然资源部国际合作司希望在全球滨海论坛上发布该书的英文版，并在9月5日的新闻发布会上发布了消息。规划院接到任

▲ 2023全球滨海论坛会议在江苏省盐城市召开

务后，立即组织相关部门成立翻译小组，邀请相关领域专家审校，最终英文版于9月25日在全球滨海论坛正式对外发布。英文版发布后，中外专家反响热烈，世界银行、UNEP驻华办事处、新加坡公园管理局、东盟生物多样性中心执行主席等外方专家主动与规划院建立了联系。该书受到自然资源部国际合作司的高度重视和推介，下一步将继续推进相关领域的合作。

◎ 成功承办联合国粮农组织世界粮食论坛全球青年论坛边会

为了庆祝第43个世界"粮食日"和全国粮食安全宣传周，10月19日，由联合国粮农组织（FAO）、自然资源部国际合作司、规划院共同主办的"2023年世界粮食论坛全球青年论坛"分会场——"青年助力科技创新，共同保障粮食安全"，以线上形式顺利召开。冯文利院长作了主旨发言，戴劲、李超和联合国粮农组织的两位代表分别就优化

▲ "2023年世界粮食论坛全球青年论坛"分会场

耕地空间布局、耕地质量调查评价、解决农业水资源短缺以及树立大食物观等内容开展了深入的交流。联合国粮农组织高级官员薇拉·博格尔女士感谢了中国代表的经验分享，表示中国在保护耕地、保障粮食安全方面的经验非常有益。双方均表示希望能就有关问题进一步深入交流。在此基础上，选派戴劲等三名青年专家参加联合国亚洲和太平洋经济及社会委员会等组织举办的东南亚弹性农业地理空间信息应用区域论坛。

◎ **推进与能源基金会项目合作**

规划院经过与能源基金会的多次协商，申请了"双碳视角下低效用地再开发研究"项目，经费20万美元，由能源基金会提供。双方共同签订了合作框架协议，为双方在低碳发展等领域的长期可持续发展奠定基础。

◎ **成功举办"超大城市发展：挑战与未来"大都市规划国际咨询会**

由自然资源部和上海市政府指导，规划院与上海市规划和自然资源局、同济大学共同主办的第六届大都市规划国际咨询会，于12月3日至4日在上海市召开，来自国内外高校、研究机构和自然资源部相关单

▲ 冯文利院长在第六届大都市规划国际咨询会上作主题报告

位的300余名规划和土地管理专家齐聚一堂，共同为城市发展建言献策。规划院主要负责邀请外方专家，并在会议期间巩固了与联合国开发计划署（UNDP）、汉斯·赛德尔基金会、联合国人居环境署全球土地工具网（GLTN）等组织的联系，与经济合作与发展组织（OECD）等建立了联系，积极拓展国际合作伙伴。

◎ **积极建立与世界银行的合作与交流**

一是与世界银行开展合作交流探讨，选派人员赴韩国参加世界银行举办的亚洲地区土地和不动产估价培训周，作大会交流发言，并参加专家座谈，介绍中国不动产登记和估价相关情况。二是与世界银行旗下的城市、灾害风险管理、土地全球实践局及环境、自然资源与蓝色经济局分别开展项目合作

▲ 与世界银行专家交流城市发展、规划与政策问题

交流。经过多轮磋商，初步形成了合作项目建议书。在自然资源部国际合作司的指导下，与世界银行的专家进行了有关生态红线划定、全球环境基金项目（GEF）申请等方面的交流。三是继续支持自然资源部自然资源确权登记局开展有关世界银行营商环境企业成熟度评价，完成有关方法论等相关材料的翻译，完成培训材料的准备工作。

◎ 开展与其他国际组织的合作与交流

一是继续与FIG加强交流，组织专家参与FIG年会论文投稿工作，完成会员信息更新及会费缴纳等工作。二是开展与GTZ的合作，组织专家参加"面向亚洲净零排放、韧性城市的系统思维"线上研讨会，与GTZ就有关项目商谈合作事宜。三是选派专家加入国际标准化组织地理信息技术委员会第七工作组，参与讨论修改土地管理领域信息模型。四是推动海峡两岸土地学术研讨会的续办事宜，初步商定于2024年在大陆召开。五是与UNEP关于可持续发展2030议程合作项目进行商谈。六是组织参加国家国际发展合作署关于全球国际合作项目成果库的申报，谋划对外科技援助工作。

● **学术期刊质量稳步提升，学术交流平台影响力不断扩大**

◎ 期刊影响力及关注度持续提升

2023年，《中国土地科学》期刊学术质量稳步提升，根据《中国学术期刊影响因子年报（2023版）》，2023年度《中国土地科学》影响力指数CI值为592.594，在农业经济类52种学术期刊中排名第五，位于Q1区。复合影响因子为6.506，期刊综合影响因子为4.896，分别比2022年提高5.94%和8.68%。再次获评"中国最具国际影响力学术期刊"和"世界学术影响力Q1期刊"，达到了国际先进学术期刊的水准。

▲《中国土地科学》被《科技期刊世界影响力指数（WJCI）报告（2023）》收录

第一部分　业务工作概况

◎ 学术交流平台影响越来越广

2023年，规划院结合重大选题开展了一系列学术研讨会，聚集土地科学领域大量的专家学者，形成了一批有价值的观点文章。全年组织学术研讨会9次，支撑相关学术机构开展研讨会22次，全年参加研讨的专家达到400余人次，通过线上参与学术交流的学者达到20万人次。越来越多的高校和科研单位希望与规划院开展合作，共同打造高水平学术交流平台。

▲ 郭旭东研究员与参加第四届中国土地生态学学术研讨会的部分代表合影

◎ 部门集成发布的成果获得广泛好评

2023年，组织编写了《中国耕地保护转型与制度建设——土地科学前沿问题研究（2022）》，并由中国大地出版社出版，受到学界广泛关注。组织编撰的《土地科学学科发展蓝皮书（2022）》，系统展示了土地学科及各分支学科的年度进展和研究热点，成为记录和引领学科发展的重要工具书。另外，通过中国土地科学平台发布的"2023年《中国土地科学》重点关注问题及选题方向""2022年国内十大土地科学问题研究进展"等成果，成为学界开展选题研究和科研工作的重要参考。

第二部分

科技成就
KEJI CHENGJIU

2023年,规划院深入贯彻落实党中央有关科技创新的指示精神,紧密围绕自然资源部"两统一"职责,聚焦主业,在全力保障自然资源部和规划院重大任务和重点工程圆满完成的同时,大力推进科技创新体制机制建设,加强项目成果总结集成,强化科技创新人才培养,持续推进科研成果转化应用,取得了显著成效。

项目成果总结集成

◎ 省部级科技奖获奖情况

2023年，规划院作为主要完成单位，获省部级科技奖共6项。其中，获自然资源科学技术奖（科技进步奖）一等奖1项、二等奖1项，地理信息科技进步奖一等奖1项、二等奖1项，地理信息产业优秀工程奖金奖1项，全国林业优秀工程咨询成果奖二等奖1项。

2023年省部级科技奖获奖情况一览表

奖 项	等 级	获奖成果名称	院内主要参加人员
自然资源科学技术奖（科技进步奖）	一等奖	实用性村庄规划理论与实践	田志强　张　宁　张　辉　刘　茗　陈宇琛
自然资源科学技术奖（科技进步奖）	二等奖	共享理念下新型城乡建设用地制度体系构建研究	王庆日
地理信息科技进步奖	一等奖	数据驱动的国土空间规划关键技术及应用	贾克敬　田志强
地理信息科技进步奖	二等奖	基于国土调查云的无人机智能调查举证系统开发与应用	朱国华　高　莉　李　琪
地理信息产业优秀工程奖	金奖	国土调查国家级数据产品加工及应用服务	张定祥　白晓飞　汪秀莲　张　嘉　张小桐　王荣彬　尚梦佳　李亚南　彭晋福　王欣欣　解　琳　耿　冲　王　昊
全国林业优秀工程咨询成果奖	二等奖	内陆湿地综合调查关键技术研究及其应用	戴建旺　史良树　吕　烨

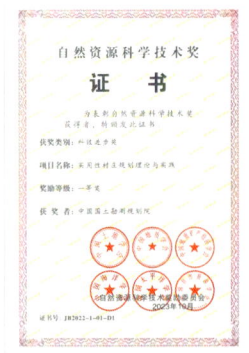

▲ 获得的省部级奖项证书（部分）

第二部分 科技成就

◎ **自然资源部优秀调研报告获奖情况**

在自然资源部组织开展的2022年度、2023年度优秀调研报告评选活动中,规划院报送的《省域内补充耕地指标调剂机制分析报告》《耕地上建住宅,谁来查处——关于农村村民非法占用耕地建住宅执法职责边界问题的调研报告》获选优秀调研报告。

2022年度和2023年度自然资源部优秀调研报告获奖情况一览表

奖种	调研报告名称	调研组主要成员
自然资源部2022年度优秀调研报告	《省域内补充耕地指标调剂机制分析报告》	王庆宾 温礼 戴劲
自然资源部2023年度优秀调研报告	《耕地上建住宅,谁来查处——关于农村村民非法占用耕地建住宅执法职责边界问题的调研报告》	冯文利 邓红蒂 魏西云 温礼 戴劲

◎ **规划院优秀成果奖获奖情况**

按照新修订的《中国国土勘测规划院优秀成果评选奖励办法》,规划院组织完成2023年院优秀成果奖评选工作。经资格审查、专家评审、公示、审批等程序,评选出2023年院优秀成果共计52项。

2023年院优秀成果奖获奖情况一览表

序号	获奖成果名称	完成部门	主要完成人	等别
1	《城市不动产三维空间要素表达》(GB/T 40771—2021)	地籍所	姜栋 黄亮	国家标准
2	《国土调查坡度分级图制作技术规定》(TD/T 1072—2022)	调查所	周连芳 李琪 曾巍 张嘉 高莉	行业标准
3	《不动产登记数据库标准》(TD/T 1066—2021)	地籍所	姜栋 黄亮	行业标准
4	《园地分等定级规程》(TD/T 1071—2022)	土地评价部	陈桂珅 程锋 张蕾娜 王巍 苗利梅	行业标准
5	地籍数据库建设专题研究	地籍所	黄亮 曲歌 林瑞瑞 王荣彬	部领导批示
6	《凝聚价值目标共识 提供制度政策保障——关于健全粮食安全和耕地保护制度的思考》	地政研究中心	魏西云 温礼 唐健	部领导批示
7	《省域内补充耕地指标调剂机制分析报告》	地政研究中心	王庆宾 温礼 戴劲	部领导批示、部优秀调研报告

续表

序 号	获奖成果名称	完成部门	主要完成人	等别
8	"Is Cultivated Land Increased by Land Consolidation Sustainably Used in Mountainous Areas"	土地评价部	李 超	SCI收录
9	"Green Land Use Efficiency and Influencing Factors of Resource-Based Cities in the Yellow River Basin under Carbon Emission Constraints"	土地科技资料中心	陈美景 王庆日 孟 鹏 郝 淼	SCI收录
10	生态保护红线划定与管控关键技术及其应用	实验室、规划所、调查所、土地信息工程所	冯文利 田春华 邓红蒂 戴建旺 郭旭东 陈瑜琦 汪晓帆 吕春艳 孟 超 袁 弘 贾克敬 祁 帆 张 辉 曾 珏 张 嘉	特等奖
11	基于高质量发展的工业用地配置制度优化研究与政策实践	资产管理与土地储备部	邓红蒂 杨 红 黄保华 李 华 刘 鸿	一等奖
12	新一轮耕地后备资源调查评价	调查所、土地信息工程所	吴海平 张 嘉 辛丽璇 陈 涛 李亚南	一等奖
13	中国国土勘测规划院纪委纪检授权管理试点工作	纪委办	刘冬玲 许 实 乔 佳 李 雪 呼莎莎 张皓东	一等奖
14	《百年土地制度变迁与经验——土地科学前沿问题研究（2021）》	土地科技资料中心	王庆日 蒋仁开 孟 鹏 曾 爽	二等奖
15	《地籍调查》	地籍所	姜 栋 黄 亮 黄志凌 陈川南	二等奖
16	《土地储备监测评价指标体系研究》	资产管理与土地储备部	杨 红 李 华 刘 鸿 黄保华	二等奖
17	《土地科学学科发展蓝皮书（2021）》	土地科技资料中心	王庆日 陈美景 仲济香 张冰松 郎海鸥 曾 爽	二等奖
18	《第三次全国国土调查数据产品地图集》	土地信息工程所	张定祥 汪秀莲 白晓飞	二等奖
19	《国有建设用地使用权配置政策研究报告》	资产管理与土地储备部	杨 红 黄保华 李 华 刘 鸿	二等奖
20	《储备土地资产清查技术方法研究》	资产管理与土地储备部	刘 鸿 杨 红 李 华 黄保华	二等奖
21	《2021年土地科学研究重点进展评述及2022年展望》	土地科技资料中心	王庆日 郎海鸥 仲济香 陈美景 张冰松 曾 爽	二等奖
22	《自然资源资产权利体系与行使研究》	资产管理与土地储备部	黄保华 杨 红 李 华 刘 鸿	二等奖

续表

序号	获奖成果名称	完成部门	主要完成人	等别
23	《国有农用地资源资产清查技术指南》	土地评价部	李超 苗利梅 张蕾娜 王巍 李伟成	二等奖
24	《政策与学术互动发展：从〈中国土地科学〉载文分析中国土地科学发展》	土地科技资料中心	陈美景 乌日娜	二等奖
25	《中国城镇土地利用十年变迁（2009—2018）》	地籍所	姜栋 林瑞瑞 曲歌 戴银萍 王荣彬	二等奖
26	《生态理性的核心内涵、建构逻辑及实践指向》	科技处	赵若玺	二等奖
27	《优化国土生态安全战略格局研究报告》	规划所	祁帆 葛倩倩 赵成双苹 邵思宇	二等奖
28	《现代性危机与生态文明的兴起》	科技处	赵若玺	二等奖
29	地类平衡表统计软件V1.0	规划所	田志强 陈宇琛 张辉 顾鹏程 刘茗	二等奖
30	《第三次全国国土调查土地利用矢量数据栅格化方法》	土地信息工程所	张定祥 汪秀莲 刘顺喜 张嘉	二等奖
31	《土地储备潜力评价关键技术研究报告》	资产管理与土地储备部	李华 杨红 刘鸿 黄保华	二等奖
32	《关于全国产业园用地情况调查的报告》	土地利用规划评审中心	王晓莉 王萌 耿浩博	二等奖
33	《国土空间规划实施监测总体思路与关键技术研究的思考》	土地利用规划评审中心	李莉 张建平 杨冀红	二等奖
34	《人口收缩城市专项体检评估分析报告》	土地利用规划评审中心	左玉强 李莉 郭艳 王晓莉 李欣哲	二等奖
35	《国有建设用地使用权出让合同的性质认定和规则重构》	土地科技资料中心	蒋仁开	二等奖
36	《国有农用地资源资产清查价格体系建设研究报告》	土地评价部	苗利梅 李超 程锋 陈桂珅 李伟成	二等奖
37	"Monthly/8 km Grid Meteorological Dataset at the Middle and Upper Reaches of the Yellow River Basin of China（1980—2015）"	调查所	王亚琴	二等奖
38	《园地定级试点成果分析研究报告》	土地评价部	陈桂珅 程锋 王巍 张蕾娜 李伟成	二等奖
39	《论对全民所有自然资源资产行使所有权与监管权的分离》	土地科技资料中心	蒋仁开	二等奖
40	《土地储备与土地银行制度体系研究报告》	资产管理与土地储备部	刘鸿 杨红 李华 黄保华	二等奖

续表

序　号	获奖成果名称	完成部门	主要完成人	等别
41	《集体土地所有权确权登记成果更新汇交技术指南》	地籍所	黄志凌　陈川南　林瑞瑞	二等奖
42	《〈全国土地利用总体规划纲要（2006—2020年）〉实施评估报告》	规划所	陈宇琛　刘茗　赵成双苹	二等奖
43	《储备土地资产保护和使用规划研究报告》	资产管理与土地储备部	杨红　李华　刘鸿　黄保华	二等奖
44	《基于土地发展权的农产品主产区转移支付研究》	土地利用规划评审中心	王晓莉	二等奖
45	《铁路工程项目建设用地测算成果报告》	城镇低效用地整理部	彭茹燕　陶晓龙　王春宇　雷逢春　刘文泽	二等奖
46	《国有农用地和未利用地配置规则研究报告》	资产管理与土地储备部	黄保华　杨红　李华　刘鸿	二等奖
47	《林地（森林）资源生态产品价值核算技术规程》（T/CREVA4101—2022）	地价所	赵松	二等奖
48	《国家高新区用地集约与城市经济增长关系研究——基于2007—2015年面板数据的分析》	土地利用规划评审中心	王晓莉　左玉强	二等奖
49	《全民所有土地资源资产出资人职责制度研究报告》	资产管理与土地储备部	李华　黄保华　杨红　刘鸿	二等奖
50	中国国土勘测规划院内控信息系统	财务处	陆颖　蔡勇　张辉　杜烨　张璇	二等奖
51	《中国国土勘测规划院纪律监督与各类监督贯通协同的实施意见》	纪委办	许实　李雪　乔佳	二等奖
52	《中国国土勘测规划院纪委关于纪检工作授权管理试点情况的报告》	纪委办	呼莎莎　许实　李雪　乔佳　张皓东	二等奖

● 科技创新成果

◎ 公开出版专著情况

2023年，规划院编写出版了《实用性村庄规划编制理论与实践》《自然资源资产权利行使中外比较研究》《中国生态保护红线蓝皮书（2023年）》《第三次全国国土调查数据报告》《中国城市建设用地节约集约利用报告NO.3》《第三次全国国土调查地图集》《中华人民共和国国土利用现状图集（1∶1000000）》等专著25本。

2023年公开出版著作情况一览表

序号	著作名称	出版单位	出版时间	主编人员
1	《实用性村庄规划编制理论与实践》	现代出版社	2023年3月	赵雲泰　田志强
2	《国有储备土地资源资产清查理论与技术》	中国建筑工业出版社	2023年5月	邓红蒂　杨　红　刘　鸿 李　华　黄保华
3	《中国耕地资源质量分类》	中国大地出版社	2023年6月	程　锋　张蕾娜
4	《第三次全国国土调查技术与创新》	地质出版社	2023年6月	高延利　李万东　曾　珏 白晓飞　温　礼　李　琪 史良树　辛丽璇
5	《第三次全国国土调查数据报告》	地质出版社	2023年6月	高延利　冯文利　周连芳 李　琪　吕　烨　杨　巍
6	《第三次全国国土调查成果应用选编》	地质出版社	2023年6月	曾　巍　高　莉　史良树 辛丽璇
7	《新征程　新规划　新作为——首届全国国土空间规划年会优秀论文集》	中国大地出版社	2023年7月	冯文利　周建春　田春华 宋海荣
8	《自然资源资产权利行使中外比较研究》	中国大地出版社	2023年8月	邓红蒂　杨　红　黄保华 李　华　刘　鸿
9	《中国耕地资源自然地理格局研究》	中国大地出版社	2023年8月	张蕾娜
10	《中国耕地资源气候条件研究》	中国大地出版社	2023年8月	陈桂珅
11	《中国耕地资源土壤条件研究》	中国大地出版社	2023年8月	李　超
12	《中国耕地资源土壤微生物多样性研究》	中国大地出版社	2023年8月	苗利梅
13	《耕地资源质量分类技术问答》	中国大地出版社	2023年8月	张蕾娜　程　锋
14	《耕地质量评价方法体系与应用示范研究》	中国大地出版社	2023年8月	程　锋　张蕾娜
15	《中国生态保护红线蓝皮书（2023年）》	中国大地出版社	2023年8月	冯文利　田春华　邓红蒂
16	《土地储备创新发展的多元化融资方式研究》	经济科学出版社	2023年8月	邓红蒂　杨　红　李　华 刘　鸿　黄保华
17	《第三次全国国土调查城镇村庄数据集》	地质出版社	2023年9月	高延利　冯文利　李　琪 周连芳　吕　烨　杨　巍
18	《中国耕地保护转型与制度建设——土地科学前沿问题研究（2022）》	中国大地出版社	2023年10月	高延利　冯文利　张晓玲 宋海荣　王庆日　孟　鹏 蒋仁开
19	《中国城市建设用地节约集约利用报告NO.3》	社会科学文献出版社	2023年10月	邓红蒂　杨冀红　左玉强 王浩聪
20	《中国城市建设用地节约集约利用报告NO.4》	社会科学文献出版社	2023年10月	左玉强　王　萌　王晓莉

续表

序号	著作名称	出版单位	出版时间	主编人员
21	《第三次全国国土调查地图集》	地质出版社	2023年12月	高延利 高莉 李琪 周连芳
22	《中华人民共和国国土利用现状图集（1∶1000000）》	地质出版社	2023年12月	冯文利 高莉 周连芳 曾珏
23	《国有建设用地使用权配置类型与权能研究》	中国农业出版社	2023年12月	邓红蒂 杨红 黄保华 李华 刘鸿
24	《工业用地配置制度研究》	中国农业出版社	2023年12月	邓红蒂 杨红 黄保华 李华 刘鸿
25	《生态理性研究》	河南人民出版社	2023年12月	赵若玺

▲ 2023年公开出版著作

第二部分 科技成就

◎ **公开发表论文情况**

2023年，规划院科技人员在公开出版的期刊、出版物上发表论文40余篇。

2023年科技人员在公开期刊和出版物上发表论文一览表

序 号	论文题目	作者（排名）	刊物名称	发表刊号（日期）
1	《2022年土地科学研究重点进展评述及2023年展望——土地经济分报告》	仲济香（5）	《中国土地科学》	2023年第2期
2	《2022年土地科学研究重点进展评述及2023年展望》	王庆日（1）张冰松（2）陈美景（3）仲济香（4）郎海鸥（5）	《中国土地科学》	2023年第3期
3	《全民所有自然资源资产保护和使用规划的功能定位与编制路径》	杨 红（2）	《中国土地科学》	2023年第6期
4	《宅基地"三权分置"的有效实现：理论探讨与实践探索——基于"宅基地'三权分置'的有效实现研讨会"的综述》	王庆日（2）曾 爽（4）陈美景（5）	《中国土地科学》	2023年第6期
5	《京津冀建设用地人口密度变化格局及影响机制》	张定祥（2）	《资源科学》	2023年第4期
6	《黄河流域资源型城市土地利用转型及其对生态系统服务价值的影响》	陈美景（1）王庆日（2）张冰松（5）郝 淼（6）	《生态学报》	2023-11-23
7	《吉林省耕地利用碳排放测度及其与粮食生产脱钩分析》	张定祥（3）李亚南（5）	《中国农业资源与区划》	2023年第4期
8	《江苏沿海地区"三生"功能空间演化及生态效应》	张定祥（4）	《生态经济》	2023年第8期
9	《不同地貌类型下黄土高原典型县域新增耕地利用变化》	李 超（2，通讯）	《农业工程学报》	2023-08-15
10	《碳中和背景下国内外陆地生态系统碳汇评估方法研究进展》	陈美景（4）	《地学前缘》	2023年02期
11	《Budyko框架下黄河流域蒸散发时空变化影响因素研究》	王亚琴（1）杨 巍（2）	《水文地质工程地质》	2023年第2期
12	《耕地资源质量分类体系构建》	张蕾娜（1）李 超（2）程 锋（3）	《中国土地》	2023年第1期
13	《我国工业用地配置中的有效市场与有为政府——基于工业用地政策演进的视角》	唐 健（1）魏西云（2）	《中国土地》	2023年第3期
14	《工业用地"标准地"出让的地方实践与思考》	杨 红（1）黄保华（2）	《中国土地》	2023年第3期
15	《存量时代下城镇低效用地再开发探讨》	彭茹燕（1）王春宇（2）	《中国土地》	2023年第5期

续表

序号	论文题目	作者（排名）	刊物名称	发表刊号（日期）
16	《以生态保护红线筑牢生态安全屏障》	冯文利	《中国土地》	2023年第6期
17	《我国全面划定生态保护红线的历程》	邓红蒂（1）陈瑜琦（2）汪晓帆（3）袁 弘（4）	《中国土地》	2023年第6期
18	《生态保护红线管控思路探讨》	田春华（1）陈瑜琦（2）吕春艳（3）孟 超（4）	《中国土地》	2023年第6期
19	《"田长制"的地方实践与对策》	李 超（3）	《中国土地》	2023年第8期
20	《以"业务引领+科技赋能"驱动自然资源调查监测发展》	冯文利（1）吴海平（2）	《中国土地》	2023年第8期
21	《日本城市更新对我国土地利用管理的启示》	彭茹燕（1）王柏源（2）	《中国土地》	2023年第10期
22	《年度国土变更调查中国家级外业核查的科学内涵及模式探讨》	辛丽璇（2）	《中国土地》	2023年第11期
23	《新时期主体功能区战略优化探讨》	田春华（1）祁 帆（2）赵成双苹（3）	《城乡规划》	2023年第5期
24	《基于粮食安全的南方耕地保护问题与对策分析》	李 超（2，通讯）	《自然资源情报》	2023年第7期
25	《集体经营性建设用地调整入市的权益配置：格局、机制与优化》	王柏源（4）	《土地经济研究》	2023年第1期
26	《规范开展地籍调查》	黄 亮（2）	《中国不动产》	2023年第8期
27	《筑牢权属调查基石，规范地籍调查程序》	黄 亮（1）陈川南（2）	《中国不动产》	2023年第8期
28	《严格审核地籍调查成果 助力不动产登记》	王荣彬（2）	《中国不动产》	2023年第8期
29	《地籍数据库建设与管理要点》	曲 歌（1）	《中国不动产》	2023年第8期
30	《做好新时代地籍调查工作》	黄 亮（1）曲 歌（3）	《中国不动产》	2023年第12期
31	"Nitrogen loss, nitrogen functional genes, and humification as affected by hydrochar addition during chicken manure composting"	杨 巍（6）	Bioresource Technology	2023年第369期
32	"Estimate provincial-level effectiveness of the arable land requisition-compensation balance policy in Mainland China in the last 20 years"	程 锋（4）张蕾娜（5）李 超（6）	Land Use Policy	2023年第5期

续表

序号	论文题目	作者（排名）	刊物名称	发表刊号（日期）
33	"Mechanism, risk, and solution of cultivated land reversion to mountains and abandonment in China"	李　超（5，通讯）	*Frontiers in Environmental Science*	2023年第3期
34	"Spatial Differentiation and Influencing Mechanisms of Farmland Transfer Rents in Mountainous Areas Evidence from Chongqing and Its Surrounding Areas"	李　超（2，共一）	*Land*	2023年第3期
35	"Function2vec: A Geographic Knowledge Graph Model of Urban Function Evolution and Its Application"	王晓莉（3）	*ISPRS International Journal of Geo-Information*	2023年第11期
36	"Synergistic effects aided the growth of black locust in reclaimed areas of semi-arid open-pit coal mines"	陈美景（5）	*Frontiers in Ecology and Evolution*	2023-01-19
37	"Species diversity and soil interconstraints exert significant influences on plant survival during ecological restoration in semi-arid mining areas"	陈美景（5）	*Diversity*	2023-10-01
38	"Spatial Zoning of Carbon Dioxide Emissions at the Intra-City Level: A Case Study of Nanjing, China"	张　辉（3）	*MDPI—International Journal of Environmental Research and Public Health*	2023-01-01
39	"The Impact of Land-Use Structure on Carbon Emission in China"	张　辉（1）顾鹏程（2）	*MDPI—Sustainability*	2023-01-29
40	《科技创新团队应聚焦七大重点守红线》	李　超（1）	《中国自然资源报》	2023-01-10
41	《新时代主体功能区战略制度优化研究》	常　笑（1）祁　帆（2）	《新征程 新规划 新作为——首届全国国土空间规划年会优秀论文集》	2023-07-01
42	《中国城市土地制度》	柴志春（1）孟　鹏（2）陈美景（3）张晓玲（4）	《中国大百科全书（第三版）·人居环境科学卷》	2023-09-01
43	《把握重点，突破难点，创新亮点——〈省级国土空间规划编制技术规程〉解读》	田志强（1）刘　茗（2）陈宇琛（3）	中国国土勘测规划院公众号	2023-11-21
44	《主体功能区优化完善技术指南编制原则解读》	田志强（1）祁　帆（2）赵成双苹（3）	中国国土勘测规划院公众号	2023-12-19

● 成果转化应用

◎ 标准制修订情况

规划院是全国自然资源与国土空间规划标准化技术委员会自然资源调查监测分技术委员会、土地资源利用分技术委员会和国土空间规划分技术委员会三个分技术标准委员会的秘书处单位，承担了大量行业和技术标准的组织和制定工作。2023年，在自然资源部科技发展司、全国自然资源与国土空间规划标准化技术委员会及自然资源部相关业务司局的指导下，技术标准梳理、工作计划制定、标准研制和运行管理等工作稳步推进。牵头编制的标准和技术规程共10项，包括《地籍调查规程》（GB/T 42547—2023）、《省级国土空间规划编制技术规程》（GB/T 43214—2023）、《国土调查数据缩编技术规范》（TD/T 1076—2023）等，为自然资源管理工作重大创新任务的完成提供了技术支撑和服务。

2023年作为主要编写单位完成的行业标准或规程一览表

序号	标准或规程名称	颁布单位	参编人员	颁布日期
1	《地籍调查规程》（GB/T 42547—2023）	国家市场监督管理总局、国家标准化管理委员会	黄亮 黄志凌 陈川南 曲歌	2023年5月
2	《省级国土空间规划编制技术规程》（GB/T 43214—2023）	国家市场监督管理总局、国家标准化管理委员会	田志强 张辉 陈宇琛 刘茗 顾鹏程	2023年9月
3	《光伏发电站工程项目用地控制指标》（TD/T 1075—2023）	自然资源部	陶晓龙 雷逢春 彭茹燕 王春宇	2023年4月
4	《国土调查数据缩编技术规范》（TD/T 1076—2023）	自然资源部	张小桐 张嘉 尚梦佳 高莉 解琳 耿冲 彭晋福 王欣欣 顾威 王昊 周连芳 曾巍 李琪 辛丽璇	2023年4月
5	《地籍调查基本术语》（TD/T 1077—2023）	自然资源部	黄亮 黄志凌 陈川南 曲歌	2023年4月
6	《国土调查数据库更新数据规范》（TD/T 1083—2023）	自然资源部	张嘉 汪秀莲 张小桐 尚梦佳 曾巍 周连芳 李琪 辛丽璇 何禾 解琳 耿冲 王欣欣 顾威 王昊	2023年9月
7	《主体功能区优化完善技术指南》（TD/T 1087—2023）	自然资源部	祁帆 田春华 田志强 贾克敬 赵成双苹 常笑 葛倩倩 邵思宇 顾鹏程 张辉 吴田 刘茗 陈宇琛	2023年10月

续表

序 号	标准或规程名称	颁布单位	参编人员	颁布日期
8	《海域资源资产核算技术规程》（TD/T 1088—2023）	自然资源部	赵 松	2023年10月
9	《征收农用地区片综合地价测算规程》（TD/T 1089—2023）	自然资源部	赵 松 乌日娜 邹晓云 张晓玲	2023年10月
10	《土地估价参数调查测算指引》（T/CREVA 1101—2023）	中国土地估价师协会	赵 松	2023年12月
11	《国土调查类项目支出标准》（2023年）	自然资源部办公厅	李万东 陆 颖 李 琪 高 莉 蔡 勇 朱国华 田立瑛 沈佳萍	2023年7月

◎ **取得专利权情况**

2023年，规划院取得的专利权共6项，包括一种局部狭长土地利用矢量图形的检测方法，一种复杂多内环矢量图形空间叠加优化方法，空间布局相似性检测方法、设备、存储介质及装置，一种土地利用时空数据模型设计方法，水系空间特征相似性检测方法、设备、存储介质及装置，一种国土平面交叉路口矢量要素的识别方法等。

2023年发明专利登记情况一览表

序 号	发明名称	专利号	发明人	授权公告日
1	一种局部狭长土地利用矢量图形的检测方法	ZL202010096719.5	张 嘉 张小桐 季宏伟 解 琳 耿 冲 何 禾	2023年3月7日
2	一种复杂多内环矢量图形空间叠加优化方法	ZL202011264603.4	张 嘉 汪秀莲 张小桐 解 琳 耿 冲 吴 田	2023年3月10日
3	空间布局相似性检测方法、设备、存储介质及装置	ZL202211507230.8	张小桐 尚梦佳 李亚南 彭晋福 王欣欣	2023年6月23日
4	一种土地利用时空数据模型设计方法	ZL202011262182.1	张 嘉 汪秀莲 张小桐 何 禾 解 琳 耿 冲	2023年7月7日
5	水系空间特征相似性检测方法、设备、存储介质及装置	ZL202211507227.6	张小桐 张 嘉 李亚南 顾 威 耿 冲 王 昊	2023年7月7日
6	一种国土平面交叉路口矢量要素的识别方法	ZL202010280837.1	张 嘉 张小桐 尚梦佳 何 禾 解 琳 耿 冲	2023年7月25日

▲ 发明专利证书

◎ 取得软件著作权情况

2023年，规划院取得的软件著作权共13项，包括全国农用地资产价格信号采集数据国家级核查工具软件V1.0、耕地后备资源集中连片数据处理与分析软件V1.0、国土调查公里格网土地利用地类面积分数计算软件V1.0、建设用地节约集约利用状况评价分析系统平台V1.0等。

2023年软件著作权登记情况一览表

序号	软件名称	登记号	著作权人	首次发表时间	权利取得方式	权利范围
1	全国农用地资产价格信号采集数据国家级核查工具软件V1.0	2023SR0701913	中国国土勘测规划院	2022年5月10日	原始取得	全部权利
2	国土调查公里格网线网密度计算软件V1.0	2023SR0495897	中国国土勘测规划院	2022年7月25日	原始取得	全部权利
3	耕地后备资源集中连片数据处理与分析软件V1.0	2023SR1197645	中国国土勘测规划院	2022年8月19日	原始取得	全部权利
4	耕地后备资源重心计算软件V1.0	2023SR1199328	中国国土勘测规划院	2022年11月17日	原始取得	全部权利
5	国土调查空间数据数字水印应用软件V1.0	2023SR0901330	中国国土勘测规划院	2022年12月12日	原始取得	全部权利
6	国土调查公里格网耕地景观指数计算软件V1.0	2023SR0495900	中国国土勘测规划院	2022年12月25日	原始取得	全部权利
7	国土调查公里格网土地利用地类面积分数计算软件V1.0	2023SR0495898	中国国土勘测规划院	2022年12月25日	原始取得	全部权利

续表

序号	软件名称	登记号	著作权人	首次发表时间	权利取得方式	权利范围
8	建设用地节约集约利用状况评价分析系统平台V1.0	2023SR1393104	中国国土勘测规划院	2023年5月1日	原始取得	全部权利
9	耕地后备资源汇总工具软件V1.0	2023SR1169307	中国国土勘测规划院	2023年5月8日	原始取得	全部权利
10	耕地后备资源调查评价县级数据库质量检查软件V1.0	2023SR0479673	中国国土勘测规划院	未发表	原始取得	全部权利
11	全国耕地后备资源调查评价底图制作软件V1.0	2023SR0479695	中国国土勘测规划院	未发表	原始取得	全部权利
12	国土调查土地利用矢量栅格化软件V1.0	2023SR0479696	中国国土勘测规划院	未发表	原始取得	全部权利
13	第三次全国国土调查文档查询系统V1.0	2023SR0661553	中国国土勘测规划院	未发表	原始取得	全部权利

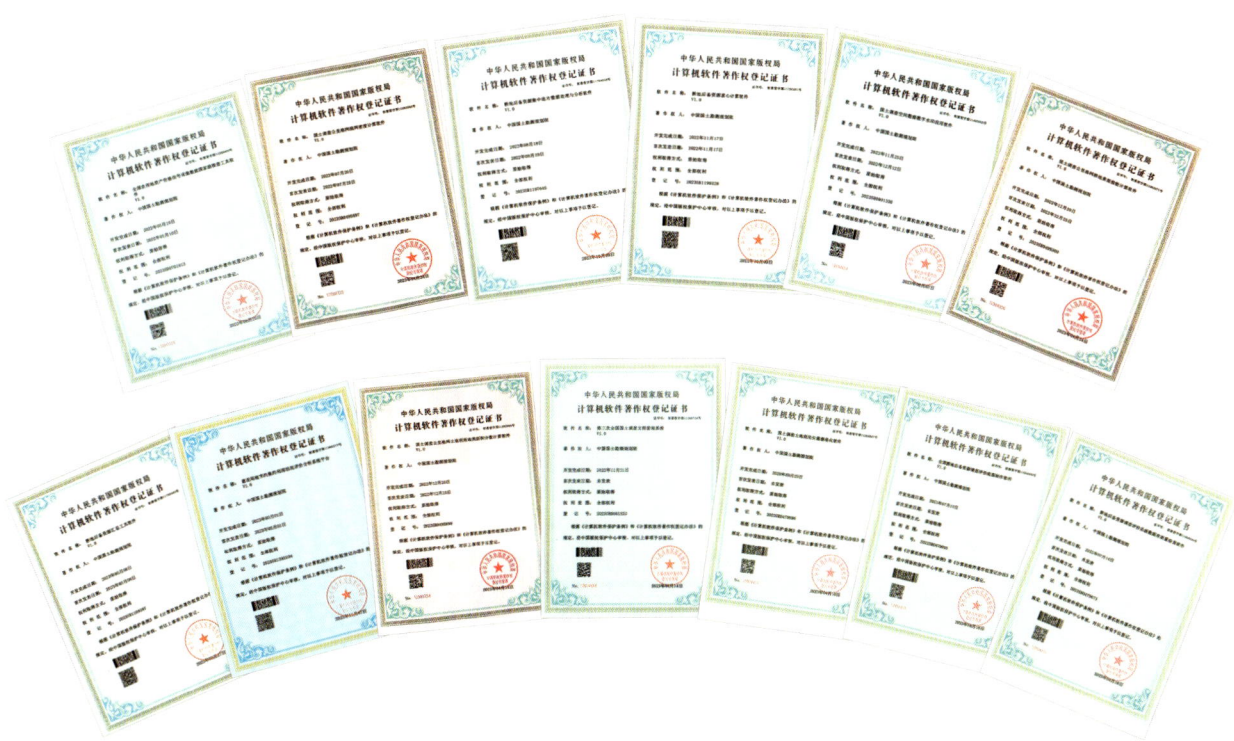

▲ 计算机软件著作权登记证书

第三部分

项目进展
XIANGMU JINZHAN

2023年,按照"做强做优做实三大主线业务,创新发展四大支撑平台"的业务体系布局,规划院紧密围绕自然资源管理中心工作,积极落实自然资源部"两统一"核心职责,聚焦新时代自然资源工作定位,突出重点抓创新,突破板块抓融合,各项业务工作有力推进,持续支撑自然资源调查监测评价和确权登记、国土空间规划与用途管制、自然资源资产调查利用与评价、自然资源督察执法与耕地保护监督等领域,全力服务好自然资源部中心工作。

自然资源调查监测评价和确权登记

年度国土变更调查与动态监测

《中华人民共和国土地管理法》第二十九条规定，国家建立全国土地管理信息系统，对土地利用状况进行动态监测；《土地调查条例》第六条规定，国家根据国民经济和社会发展需要，每10年进行一次全国土地调查。根据土地管理工作的需要，每年进行土地变更调查。为更好支撑生态文明建设和自然资源管理工作，保证第三次全国国土调查成果的现势性和准确性，根据《自然资源部办公厅关于开展2022年度全国国土变更调查工作的通知》（自然资办发〔2022〕49号）和《自然资源部办公厅关于开展2023年度全国国土变更调查工作的通知》（自然资办发〔2023〕38号）的要求开展年度国土变更调查工作。

项目的实施旨在全面掌握31个省（自治区、直辖市）（不含港、澳、台地区）2800多个县级调查单元国土利用变化情况，以及耕地质量分类年度变化情况，及时更新各级国土调查数据库和自然资源综合信息监管平台，保持全国国土调查数据的现势性，持续开展"国土调查云"建设与应用工作，进一步优化完善日常变更机制，更好满足生态文明建设和自然资源管理等各项工作的需要。项目主要完成遥感监测、变更调查成果核查、数据库更新及数据汇总分析、"国土调查云"建设与应用、国土调查监测体系建设与应用研究、国土调查类支出标准体系建设等工作，具体工作内容如下：

● 遥感监测

2023年度全国国土利用动态全覆盖遥感监测工作（以下简称2023年度遥感监测工作）仍然采用规划院负责牵头组织遥感监测成果质量抽查评价，"四局一院"（陕西测绘地理信息局、黑龙江测绘地理信息局、四川测绘地理信息局、海南测绘地理信息局、自然资源部重庆测绘院）负责遥感监测成果生产，国家测绘产品质量检验测试中心负责遥感监测成果质量检查的组织模式。目前，已组织完成了全国2800多个县级调查单元2023年度遥感监测成果生产工作。

一是组织开展2023年度遥感监测工作。2023年度遥感监测工作在自然资源部自然资源调查监测司统一部署下，由规划院牵头组织实施，各参与单位分工协作、各负其责，控制好各环节工作进度、成果质量和工作程序；完善全国国土利用全覆盖遥感监测项目管理系统任务填报板块，由各参与单位协同填报，及时更新各方工作进度，便于掌握卫星数据推送、生产任务执行、成果质检进度、成果提供应用等全流程信息，并敦促各单位按时按点、保质保量完成工作任务。

二是编制《2023年度全国国土利用动态全覆盖遥感监测技术方案》。根据2023年度遥感监测工作要求，针对当年新监测内容、要求和使用基础数据资料情况，制定《2023年度全国国土利用动态全覆盖遥感监测技术方案》，作为年度遥感监测工作标准依据。

三是开展遥感监测成果质量抽查评价。根据2023年度遥感监测工作的要求，对质检中心质量检查合格的批次成果，规划院组织技术人员进行抽查评价，重点检查成果规范性、完整性，DOM精度和图面效果，监测图斑漏提、误提、重复提取、类型判读错误、图斑重复编号等。

四是及时提供遥感监测成果。按照"完成一批、检查一批、下发一批"的原则，规划院及时向省级自然资源主管部门提供符合质量要求的遥感监测成果，用于各地开展年度国土变更调查和耕地卫片监督工作。

五是积极开展人工智能检测技术在国土利用遥感监测领域的应用机制研究。针对遥感影像变化信息提取投入多但效率不高、技术难以应用的"卡脖子"问题，创新性提出人工智能技术在遥感监测应用各环节的解决方案，有效提高了遥感监测任务的效率与准确性，降低了人力、物力的耗费。

● **变更调查成果核查**

牵头组织实施2022年度国土变更调查和2023年度日常变更调查，并具体负责国家级内业和外业核查成果监理、整改成果复核、"互联网+"在线核查以及日常变更调查成果核查等工作。

一是根据2022年度国土变更调查工作部署，依据2022年度变更调查遥感监测成果，以县级调查单元为单位，开展初始成果内业核查监理工作，同时，开展城镇村属性检查、农用地变更为未利用地资料检查等；对内业核查发现的疑似错误图斑，反馈地方整改。

二是开展外业核查监理工作。

三是对地方上报的整改成果再次开展国家级内业复核。

四是对复核仍有疑似错误的图斑，开展国家级"互联网+"在线核查。

五是2023年日常变更调查成果核查，对各地上报的2023年日常变更调查成果进行核查。

另外，还编制了国土变更调查成果核查方案，开展了核查及监理软件、核查项目进度及成果管理软件升级维护与技术支持工作。

成果核查是变更调查工作的重要组成部分。成果核查主要利用遥感监测成果和地方举证照片等资料，检查地方上报地类与实地现状的一致性，确保调查成果真实、准确。2023年，在进行内业核查时，创新性采用基于服务化调用优化影像与举证照片的加载方式，有效提升了数据使用效率。

● **数据库更新及数据汇总分析**

开展2022年度国土变更调查国家级数据库质量检查、更新入库与数据服务，形成涵盖全国的增量变化数据、更新后的基础数据库和遥感影像。相关成果在自然资源部信息中心及相关单位部署应用，支撑保障自然资源部"批、供、用、补、查"日常管理及各项任务。同时，面向各级政府机关、科研机构和社会公众提供多层次、多样化的数据服务，为自然资源管理及各行业应用高现势性的国土调查基础数据成果提供基础支撑，为国家级国土调查成果持续稳定服务提供有效抓手。

一是数据成果接收与整理。接收、登记、整理、备份全国2874个县提交的数据成果，并将待检数据导入调度系统进行统一管理。

二是国家级数据质量检查。利用年度国土变更调查县级数据库质量检查软件，按照变更调查数据库质量规则，采用人机交互的方式检查、比对、分析各省上报的县级增量数据成果，检查成果的完整性与准确性，形成国家级质量检查报告，下发给地方，并开展数据质量集中对接。

三是国家级数据更新入库。完成2022年度变更调查国家级数据库建设，建成的2022年度变更调查国家级数据库共计整合全国2874个县级国土调查空间图层15.6万余个、空间要素超5亿个，包含了2022年度变更调查遥感影像成果、变更调查整库和增量数据成果等内容，数据库总量约73TB。

四是国家级数据汇总统计分析。开展2022年度变更调查各类国家级专项统计汇总工作，包括变更调查要求的国家级及以下各级的各类统计报表以及其他专项统计等，有力支撑了2022年度变更调查数据成果汇总工作，同时也为自然资源部专题信息挖掘和决策分析提供了数据和技术保障。

五是国家级国土调查质检服务云平台研发。集成国家级质检综合调度系统、年度国土变更调查质量检查软件、国家级更新入库及汇总工具，实现国家级国土调查数据库质检、更新、入库等业务的全流程、一体化、数字化管理，多项业务协同与信息互通。

2023年，采用变更调查数据全生命周期智能调度，应用国家级变更调查质检服务云平台，全方位服务于国家各项业务技术人员，实现流程集中管理和统一调度。优化定制多种作业流程，实现多阶段多版本的县级变更调查数据成果的接收、质检、入库全生命周期的智能调度与监管，实现多场景、大数据量的数据调度工作；采用了任务驱动式的数据管理机制，实现县级国土调查数据成果的数据接收、质检入库、汇总统计、变化分析等工作自动化全流程控制，做到数据可追溯、问题可追溯、工作可追溯；同时结合工作监控、人员监控、安全监控的全流程工作管理机制，确保工作各个环节的进度把控与成果质量。同时，开展基于多模异构计算技术的国土调查成果应用分析，研制了国土调查成果分布式内存计算技术，并结合国土调查业务规则建立了业务模型智能调度迭代循环机制，形成了以国土调查数据为核心的大数据集成与业务化计算能力，实现了调查数据超大规模空间的高性能计算，为保障国家级变更调查成果分析，尤其是面向自然资源主管部门管理需求的不同自然单元、不同指标的空间化计算，提供了超级计算能力支撑。

● "国土调查云"建设与应用

立足自然资源监测监管工作，坚持系统观念，继续建设完善"国土调查云"工作平台，为自然资源部相关业务工作提供技术支持与服务。

一是不断升级优化"国土调查云"系统，推出"国土调查云"4.0。全面开放国土调查云接口，持续推进国家与地方、地方之间的信息和技术共享，避免重复建设，完善部省合作机制，共建"国土调查云"，实现共享、共用、共赢。

依托"国土调查云"国家级、省级和地市级分中心，以网络和数据安全防线、工作机制和标准体系为保障，按照"一本账""两张网""三中枢"的建设发展规划，全面支撑服务自然资源监测监管重点工作"四场景"，不断提升自然资源高效管理和国土空间现代化治理"五能力"的"12345"总体建设框架，采用院系合作、统分结合、互联互通的模式，瞄准提升自然资源核心业务监测监管一体化、信息化和工程化应用水平行动方针，加快推进"国土调查云"分中心建设，进一步夯实其在自然资源调查监测监管领域多元化应用能力，纵深推进国家和地方国土空间治理现代化能力提升。

二是持续进行"国土调查云"系统运行维护与技术支持服务，保障"国土调查云"稳定运行。组织专业技术队伍，通过开展"国土调查云"系统升级开发工作，对"国土调查云"工作平台和国土调查云App进行升级维护，对全国各级自然资源主管部门应用"国土调查云"平台提供技术支持与服务，满足年度国土变更调查监测及相关管理工作需要，促进调查成果应用，提升自然资源管理水平和决策服务能力。

三是制定并实施"国土调查云"安全运维制度，排查网络安全隐患。继续全面排查风险，完善、落实安全管理和相关技术防范措施，全面开展"国土调查云"等级保护工作。优化"国土调查云"App，提升系统稳定性，支撑全国近10万名县级调查人员开展举证工作；提供技术支持与服务，维护平台7×24小时安全稳定运行等。

四是持续探索挖掘"国土调查云"举证成果，拓展举证成果业务应用。基于"国土调查云"平台已有近10亿张举证照片，建立照片样本库，与头部企业合作开展AI识别设施农用地、耕地等实验研究。

五是探索空天地网一体化的"国土调查云"调查监测网络和知识服务系统建设路径。研究以国土调查云为核心的自然资源监测网络以及知识驱动下的问题诊断和"互联网+"精准地面调查与监管知识服务技术体系；围绕自然资源监管问题场景类型复杂等特点，在耕地保护、卫片执法检查督察等核心监管业务方面，研究时空耦合的监管问题场景构建与智能研判技术；聚焦自然资源早期预警难、预测精度低的难题，研究数据驱动的多目标自然资源预测预警技术；开展监管场景的知识服务方法研究，以提升自然资源监管效率和知识水平。

● **国土调查监测体系建设与应用研究**

一是完成了国土变更调查全要素地类影像及实地照片样本库更新与应用功能模块的升级，有效满足了遥感监测、国土调查、耕地监管等自然资源调查监测监管工作需要，为加快推进自然资源调查监测智能提取模型构建、数智化转型等提供了数据保障。二是完成了国土调查监测体系建设与应用研究报告，为2023年度国土变更调查工作机制优化提供了支撑。

● **国土调查类支出标准体系建设**

根据支出政策、项目要素及成本、财力水平等情况，结合自然资源部项目支出的管理情况，参考原有的《县级国土调查生产成本定额》（TD/T 1056—2019），按照"先确定业务体系，后完善支出标准"的原则，以第三次全国国土调查和年度国土变更调查经费预算工作为基础，梳理业务工作内容，通过对项目承担单位开展实地调研或集中座谈，结合项目承担单位实际支出情况，研究编制了《国土调查类项目支出标准（2023年）》，自然资源部自然资源调查监测司以司函形式下发各地使用。

2022年度国土基础数据产品加工、数据共享与知识服务平台建设

项目在需求分析的基础上，开展国土基础数据产品体系设计，形成国土基础数据产品体系，指导国土基础数据产品的研发、生产、管理、共享应用。建立和完善产品规范与管理制度，并服务于实际

工作。研发年度国土调查数据产品，提升国土调查为各级机关、单位和社会公众提供多层次、多样化产品服务的能力。

国土基础数据产品体系设计、加工与数据共享是国土基础调查成果深化应用的重要环节，主要开展土地详查历史资料整编研究、年度国土变更调查土地利用矢量网格化和栅格化、年度行政区及典型区增值产品加工、年度国土变更调查产品模型算法及软件研制，以及研发知识服务平台和提供年度共享服务数据产品等工作。具体工作内容如下：

● **开展土地详查历史资料整编研究**

在明确土地详查土地利用历史资料整编要求的基础上，采用自动处理和人工处理相结合的方式，开展土地详查全国1∶50万标准分幅土地利用图纠正、50个县区土地详查1∶5万县级土地利用扫描图纠正及10个县区土地详查图件矢量化工作，并形成相关技术文档。

● **年度国土变更调查土地利用矢量网格化和栅格化**

一是开展了基于地类图斑、开发园区和重要项目用地等单独图层的专题信息抽取工作。二是开展了河流、道路、沟渠等七个地类图斑中心线抽取工作。三是开展了多尺度第三次全国国土调查编码栅格产品、第二次全国土地调查编码栅格产品、城镇村属性栅格产品、图斑细化属性栅格产品制作工作和多尺度第三次全国国土调查编码网格产品、第二次全国土地调查编码网格产品制作工作。

● **年度行政区及典型区增值产品加工**

一是完成2022年公里格网土地利用百分比产品、线状地类密度产品、耕地景观指数产品、地级城市百米格网地类面积百分比产品等国土调查公里格网产品制作。二是完成耕地面积、开发强度、路网密度、河网密度等年度国土空间基础监测监管指标产品制作。三是完成年度分省10米及1985—2020年京津冀30米分辨率影像产品制作。

● **年度国土变更调查产品模型算法及软件研制**

开发产品生产过程中所需的国土空间格局分析统计产品制作、土地利用混合度产品制作、公共服务设施便利度和可达性计算、标准公里格网制作相关算法模型和处理软件工具。

● **知识服务平台构建**

面向自然资源调查评价分析、国土空间规划编制与实施监督、耕地保护等需求，围绕资源数量、质量、结构、潜力等类型，梳理业务需求并构建指标和数据深度关联的国土空间治理与监测指标体系，构建基于业务需求的国土空间治理与监管指标库；开展知识建模、知识抽取、知识表达等分析探索，初步构建国土空间治理与监测知识图谱，研发国土空间治理与监测知识服务平台，进行可视化展示和知识化表达。

● 数据分发与共享服务

按照自然资源部统一要求，将国家级数据库相关成果迁移部署至自然资源部信息中心，并开展相应技术服务，迁移数据量超过2TB。面向政府机关、科研机构和社会公众提供不同层级的数据服务，按照需求开展相关数据应用分析工作，形成系列数据分析成果，满足各行各业对国土调查数据的需求，最大程度地发挥调查成果的综合效益。为自然资源部各司局、国家林业和草原局、国家基础地理信息中心、国土卫星遥感应用中心等80余家单位服务超300次，数据量超过200TB。

项目研制了地类变化百分比、土地利用混合度、POI密度、公共设施便利度和可达性等多个产品模型及算法，极大地丰富了产品模型库，为科学数据产品加工生产奠定了基础。基于全国统一公里格网框架，创新研发了五类国土调查1公里格网产品生产软件，包括国土空间格局分析统计产品制作软件、土地利用混合度产品制作软件、标准公里格网制作软件、公共服务设施便利度和可达性计算等，极大地提高了公里格网数据产品的生产效率。

耕地资源质量分类数据质检、更新与汇总分析

项目通过编制完成全国耕地资源质量分类年度更新技术与监测技术要求，规范各级工作和成果要求，为形成统一的国家成果提供保障。指导31个省（自治区、直辖市）和新疆生产建设兵团完成2022年度耕地资源质量分类成果年度更新与监测，确保各地保质保量完成工作任务。开展2022年度全国耕地资源质量分类更新与监测成果分析，形成分析报告，了解全国耕地质量变化情况，为耕地保护和利用提供数据支撑和建议。通过研究，全面掌握年度内耕地现状变化及耕地质量建设引起的耕地质量变化情况，保持耕地质量分类数据的现势性，为落实耕地数量、质量、生态"三位一体"保护提供支撑。

项目建设耕地资源质量分类与监测数据库建设技术体系，形成数据库规范要求、数据质检要求等相关技术规定，研发数据质检工具，对2022年度耕地资源质量分类更新与监测数据开展质检、更新入

库、数据汇总等工作，实现全国年度耕地资源质量分类数据库的国家级集成与汇总，实现与变更调查国家级数据库的一体化统筹管理。具体工作内容如下：

● 编制全国耕地资源质量分类年度更新与监测技术要求

依据第三次全国国土调查耕地资源质量分类技术要求和数据库标准，结合年度国土变更调查要求，编制形成耕地资源质量分类年度更新与监测技术要求，下发各地使用。结合各地工作中提出的相关问题和建议，不断完善相关要求。编制《耕地资源质量分类年度更新技术规范（报批稿）》和编写说明。

● 指导地方开展耕地资源质量分类年度更新与监测工作

组织开展技术培训，结合地方需求，赴实地指导和开展相关工作，及时通过电话、微信下发问题解答等方式解决相关问题，指导31个省（自治区、直辖市）和新疆生产建设兵团完成2022年度耕地资源质量分类成果年度更新与监测工作。

● 开展耕地资源质量分类数据国家级质量检查

接收、登记、整理、备份31个省（自治区、直辖市）2824个县提交的数据成果，按照耕地资源质量分类成果质量规则，采用人机交互的方式进行检查和比对，分析各省上报的县级、市级、省级数据成果，检查成果是否完整，各级数据空间关系是否正确，数据库属性是否一致，面积汇总是否正确等内容，形成国家级质量检查报告，2023年累计检查3180县次，向省级单位反馈各类质检意见47次。

● 耕地资源质量分类数据国家级集成与更新入库

研发耕地资源质量分类数据入库工具，开展数据成果入库前检查，并将检查确认的数据成果统一按要求录入变更调查国家级数据库中，形成2022年度耕地资源质量分类年度更新与监测专题数据库，数据量约94GB。

● 开展耕地资源质量分类年度更新与监测成果汇总分析

按照《国土变更调查技术规程（2022年度适用）》相关要求，汇总形成县级、市级、省级、国家级耕地资源质量分类成果。同时，为满足耕地资源质量分类和评价需求，根据各分类单元指标属性值，按照分类指标逐项进行分级分类统计，分析不同自然区、不同坡度级、不同土壤条件、不同生态环境条件、不同熟制和不同地类条件及其他不同条件组合的耕地面积与分布状况。结合数据分析情况，提出耕地资源质量保护建议，形成全国耕地资源质量分类数据汇总与分析报告。

● 开展与耕地资源质量分类有关的基础性研究

基于耕地资源质量分类和综合评价结果，分析全国耕地质量状况，研究提出完善现有耕地质量综合评价方法的相关建议，形成基于耕地资源质量分类成果的耕地质量评价方法。

项目依据第三次全国国土调查对耕地资源质量分类的技术要求，结合年度国土变更调查数据库要求，从减少冗余工作量角度出发，在更新图斑类型确定、基础库图斑提取、更新库和分类年度库生成、数据汇总等方面提出了优化方法。项目编写的耕地资源质量分类年度更新技术要求下发各地使用，为形成全国成果提供了技术支撑。通过分析全国耕地资源质量分类更新数据，全面掌握了年度内耕地现状变化及耕地质量建设引起的耕地质量变化情况，保证了耕地质量分类数据的现势性，为落实耕地数量、质量、生态"三位一体"保护提供支持。

年度耕地资源质量分类数据库建设工作是规划院在第三次全国国土调查后开展的重要专题数据库建设工作，围绕耕地资源质量分类工作实地调查与科学评价兼重的特点，建设了耕地资源质量分类数据的质量控制体系及数据检查汇总机制，是对类似科学性较强的土地评价技术工作工程化实施的有益探索，为下一步夯实耕地资源质量分类数据基础，建立全国耕地资源质量分类时空变化数据体系积累了丰富的实践经验。

》气候变化背景下我国耕地后备资源开发利用潜力研究

项目以"掌握格局、认识规律、发掘潜力、辅助决策"为目标，掌握我国耕地后备资源时空分布特征、格局与变化情况，分析其粮食生产潜力，建立基于现状耕地后备资源的粮食生产潜力数据集；认识我国气候变化中的水热变化规律，实现水热分布空间变化上图，建立我国种植带变化时空数据集，综合评估区域内耕地后备资源开发利用潜力；构建种植条件约束下的水热条件变化预测模型，讨论不同碳排放浓度情景下，气候变化对我国耕地后备资源中长期开发利用的综合影响，为决策提供直观的研究参考和数据支撑。具体工作内容如下：

● 耕地后备资源时空格局与粮食生产潜力研究

收集全国耕地后备资源调查评价数据、2009—2019年国土调查地类图斑数据、永久基本农田保护图斑数据。利用景观格局分析方法，描述耕地后备资源地块的规模、形状和分布情况，分析其空间差异性、集聚特征和破碎程度，探索其与现状耕地和永久基本农田的空间关系，分类讨论开发利用策略。利用重心转移模型和区域统计等方法，研究2009—2019年我国新增耕地的时空格局变化和撂荒耕地的分布特征，分析耕地后备资源要素与其的时空耦合性。综合运用气候、地形、土壤、耕地分布、种植制度等影响粮食生产潜力的重要因子，结合粮食产量县级面板数据，评估现状耕地后备资源数据的粮食生产潜力。

● 水热时空变化与耕地后备资源开发利用潜力研究

收集利用我国气温、降水和蒸散发等气象资料，通过5日滑动平均法分析我国近50年大于等于0℃和大于等于10℃活动积温、年降水量、干燥度指数等的时空分布情况，研究水热条件时空演化特征，实现种植带扩张和收缩的空间上图，建立我国种植带变化时空数据集，认识我国气候变化中的水热变化规律。对"温水双升"趋势显著的地区进行重点研究，结合区域内地形、地貌、土壤、水文以及耕地转用、撂荒等情况，综合分析评估区域内耕地后备资源开发利用潜力。

● 基于多模式气候情景的耕地后备资源中长期开发利用研究

对未来气候变化的有效评价，特别是对未来降水量和积温的预测，是制定耕地资源利用战略的重要依据。利用WorldClim、CHIRTS、ERA5等多种气象数据资源，建立全球多源高分辨率气象数据快速接收、处理与产品制作技术机制。基于全球气候模式（GCM）和区域气候模式（RegCM），研究不同碳排放浓度情景下我国未来的水热时空变化，构建种植条件约束的多模式水热变化预测模型，实现面向多模式气候变化情景的宜耕区域上图，讨论其对我国耕地后备资源中期（2030—2060年）和长期（2060—2100年）开发利用以及粮食生产潜力总量的总体影响，兼论种植区北扩对防洪、灌溉、排水和粮食存储系统的潜在需求，为决策提供直观的研究参考和数据支撑。

项目开展全国千万级耕地后备资源图斑的空间分析计算，获取集中连片和零散分布的宜耕后备资源地块，研究其与耕地和永久基本农田的时空关系。综合运用多种影响粮食生产潜力的因子，以及粮食产量县级面板数据，评估其粮食生产潜力，为国家统筹开发耕地重大工程和进出平衡政策实施提供数据及技术支持。

自然资源调查监测数据分析评价

项目旨在通过系统梳理土地、水、草原、森林、湿地等自然资源调查监测数据，开展试点地区自然资源调查监测数据综合分析评价，实现全面认识我国自然资源基础禀赋、客观评价自然资源利用状况的目标，形成一套科学、完善的自然资源调查监测数据分析评价体系。具体工作内容如下：

一是完成2022年自然资源调查监测数据分析评价指标验证试点成果检查及汇总分析工作。针对11个试点省（市、县）评价成果及其存在问题进行了梳理、归纳和总结，对于指标体系和技术指南的适用情况逐省开展分析，并得出结论和建议。

二是完成2023年度两轮指标体系和技术指南征求自然资源部相关司局和各省意见的梳理分析工作，并在此基础上进一步修改完善，侧重耕地保护维度，形成新一版指标体系。

三是开展长株潭地区自然资源调查监测数据分析评价及相关专题分析，完成了综合分析评价的案例示范。

项目在掌握不同区域自然资源数量、质量、格局及生态服务等基本状况的基础上，进一步分析了自然资源与社会经济要素的协调性，以及不同区域自然资源开发利用与保护情况。在政策和社会经济因素影响下开展自然资源综合响应研究，整体分析评价自然资源利用综合状况。

项目形成的《2022年度自然资源调查监测数据指标验证试点报告》和《自然资源调查监测数据评价技术指南（送审稿）》等成果，为国家和区域相关自然资源管理政策制定、国土空间用途管制和生态保护修复工作等提供重要基础信息和决策依据，为实现自然、经济、社会可持续发展提供重要支撑。

城镇国土空间监测试点

项目旨在通过深化城镇国土空间监测技术研究、城镇国土空间监测成果辅助分析工具研制和年度城镇国土空间监测成果汇总分析等研究工作，完善城镇国土空间监测分析技术体系，为全面开展内容丰富、指标完善、标准规范、模式多样的城镇国土空间监测工作提供支撑，为城镇国土空间规划实施监督和城市体检评估提供参考。具体工作内容如下：

● 数据整理与分析

自2023年2月起，分批次接收2022年度全国107个现行国务院审批总体规划城市国土空间监测数据（合计1047个区县），主要包括城市空间信息、交通网络和水域网络3个数据集，涵盖文艺场馆、学校、医疗机构、福利机构、文化活动设施等39个图层。结合国土调查数据，从数据内容、数据质量、数据口径3个方面进行了初步分析，形成了城镇国土空间监测数据情况报告。

● 城镇国土空间监测分析评估技术规范完善

在城市国土空间监测目标、定位、任务、内容及国内外监测评估研究进展分析的基础上，从指标体系构建、数据收集、数据治理、指标计算、统计分析、成果可视化等方面优化城市国土空间监测数据分析技术体系，初步构建了城市公共资源人均享有情况、生活宜居便利情况、安全韧性情况和交通网络覆盖情况4个维度，共计43个分析指标，形成了城市国土空间监测成果分析技术规范，为城镇国土空间监测成果的汇总分析提供指引。

● 数据治理与工具研发

为进一步提高城镇国土空间监测成果分析效率，实现全面、快速响应城镇国土空间监测分析工作。依据城镇国土空间监测成果特点和成果汇总分析需求，研制城镇国土空间监测成果辅助分析工具，包括数据预处理、指标计算等系列辅助工具，为年度监测成果整合分析提供工具支撑。同时，开展了数据投影、面积计算、数据合并、属性赋值等数据治理工作，形成分析基础数据，治理后成果数据量约6.51GB。

● 城镇国土空间监测成果汇总分析

一是基于本年度接收的城镇国土空间监测成果，对城镇用地各细化内容进行汇总统计，形成各类城市空间用地面积、数量、占比等相关信息，包括高等院校、中等职业学校、中小学、幼儿园、医院、社区卫生服务设施、养老设施、文化艺术场馆、社区文化活动设施、体育场馆、公园、绿地、广场、殡葬设施等近70项细化内容，形成城镇国土空间用地特征相关汇总统计表。

二是根据国土空间规划编制及实施监督、城市体检评估和用途管制等工作需求，在上述统计的基础上，结合国土变更调查数据及其他专题数据，围绕监测地区的用地特征、景观文化、生活品质、安全韧性及交通便利程度等方面，开展综合性分析评价。完成了社区养老设施、公园绿地步行5分钟覆盖率，中小学步行10分钟覆盖率，社区卫生服务设施、社区体育设施、社区文化活动设施步行15分钟覆盖率，市区级医院2千米覆盖率，消防救援5分钟可达覆盖率，河湖水面率，铁路网密度、公路网密度、城市道路网密度等40余项指标的计算，并制作形成相关专题数据产品。

三是结合数据汇总和分析结果，深入挖掘城镇国土空间治理中存在的问题，进一步反馈和优化城镇国土空间监测分析评估技术体系，提出改进城镇国土空间监测分析技术、评估模型与算法的具体方案，综合形成2022年度城镇国土空间监测成果分析报告。

》城镇全覆盖不动产权籍调查与国家级数据库建设

项目旨在通过示范点建设，以点带面，推动全国范围内全流程的不动产地籍调查与建库工作，并结合相关标准规范的研究，为地籍数据库建设提供理论支撑和方法途径，切实保障人民权益、支撑不动产统一登记、有效服务于自然资源管理制度改革等国家重大战略。具体工作内容如下：

一是开展地籍数据库建设示范。选择一个地级及以上城市开展地籍数据库建设示范。以竞争性方式确定试点单位，指导试点地区编制实施方案，开展地籍数据库建设示范工作，适时召开工作汇报、经验交流等会议，加强工作交流，保证成果质量。在试点地区，分别选取不同区县采取市级集中、县级自主等模式建设地籍数据库，构建"地籍一张图"。建立地籍数据动态更新机制。推动地籍图可视化查询，支持营商环境评价。形成地籍数据库建设示范研究报告、地籍数据库建设示范工作报告和示范区地籍数据库。为地籍数据库建设模式的选取提供地方实践经验。

二是开展地籍数据库建设协同机制研究。以建立健全城镇全覆盖不动产地籍调查技术、理论体系为目标，拟通过地方调研、专家研讨、试点试验等方法，推进城镇全覆盖不动产地籍调查与建库相关技术、理论体系研究。在前期城镇全覆盖不动产权籍调查技术指南、城镇全覆盖不动产权籍数据库标准等研究的基础上，开展地籍数据库建设协同机制研究，研究地籍数据库与登记数据库之间的数据关系，建立两库之间的联动机制；研究县、市、省、国家四级地籍数据库的更新机制，研究编制地籍数据库更新技术规范，探讨实时同步更新与年度更新等模式的可行性；通过地籍数据库建设示范项目验证研究成果的合理性，并根据示范项目修正研究成果，最终形成《地籍数据库建设技术方案》、《地籍数据库更新技术规范》（初稿）和相应报告。

通过项目实施，构建了基于自然资源专网、电子政务外网、互联网"三网运行"模式和地籍数据库市级集中建设模式。研究地籍数据库与登记数据库之间的数据关系，建立了两库之间的联动机制。研究验证了地籍数据库更新技术，实现了政务外网不动产登记数据与自然资源专网地籍数据库实时更新，地籍调查数据更新并同步至不动产登记业务，推动了地籍数据库成果应用服务。研究县、市、省、国家四级地籍数据库的更新机制，探讨了实时同步更新与年度更新等模式的可行性。

开展城镇全覆盖不动产地籍调查与建库工作，摸清城镇地籍数据的家底，对于切实保障人民利益、推动不动产统一登记具有重要作用，也是自然资源管理的必然要求。同时，工作成果不仅应用于自然资源系统内部，也逐步推广和应用到其他相关部门。在法院、税务、公安、住建、民政、银行等各部门间实现地籍调查数据的互通共享，有效服务于市场交易、税费征缴等。此外，全覆盖地籍数据还直接服务于相关社会经济管理领域，包括城市精细化管理、智慧城市、人口普查等。特别是通过示范点的建设，使城镇全覆盖不动产地籍调查数据的推广应用得到实践验证。

农村房地一体宅基地和集体建设用地权籍调查与确权登记

项目旨在推进农村不动产地籍调查工作规范化，开展农村集体土地所有权、房地一体宅基地和集体建设用地、土地承包经营权、林权等各类不动产地籍调查技术方法研究，完善农村地籍数据库，全面支撑农村不动产地籍调查工作。具体工作内容如下：

一是规范推进房地一体宅基地地籍调查和确权登记工作，以及集体土地所有权登记成果更新调查工作。

二是开展林权类不动产地籍调查机制研究，针对林权类不动产不同权利类型（所有权、使用权、承包经营权、经营权等）和不同登记类型需求，因地制宜，区分不同阶段的不同情况，开展地籍调查的组织方式、技术流程、技术方法、精度要求及成果共享等工作机制研究，编制《林权类不动产地籍调查技术细则（建议稿）》，形成包含工作组织、更新应用等机制的研究报告。三是开展地籍一张图（农村部分）建设方案研究，在集体土地所有权范围内（包括村庄范围内的房地一体、林地、耕地、草地等各类不动产的承包经营权）已有调查成果核实整合、地籍调查及地籍数据库建设等关键技术研究，提出基于统一本底、统一标准的地籍一张图（农村部分）建设的技术方案，通过"数字赋能"，为农民合法的财产权提供有效保障，为农村地籍管理、国土空间规划及乡村振兴战略、构建更加完善的要素市场化配置机制提供技术支撑。项目研制形成《林权类不动产地籍调查技术细则（建议稿）》《林权类不动产地籍调查机制研究报告》《地籍一张图（农村部分）建设技术方案》等。

通过项目实施，一是直接指导地方工作。项目成果支撑了两份自然资源部文件《自然资源部关于持续推进农村房地一体宅基地确权登记颁证工作的通知》（自然资发〔2023〕109号）和《自然资源部办公厅 国家林业和草原局办公室关于强化业务协同 加快推进林权登记资料移交 数据整合和信息共享的通知》（自然资办发〔2023〕2号）的制定，规划院多次赴各地进行文件的解读讲解，指导各地开展工作。二是有力推动了林权改革，推动了乡村振兴。项目开展了有关林权地籍调查的调研，编制了林权地籍调查技术细则，配合自然资源确权登记局起草发文，承担了相关培训工作，成果支撑了2023年自然资源部批准立项《林权地籍调查技术指南》行业标准的起草。

重点区域自然资源统一确权登记

项目面向自然资源统一确权登记、自然资源资产管理和"两统一"职责履行的现实需求，开展国家级自然资源统一确权登记工作，完善我国自然资源地籍调查技术体系，更新国家级自然资源地籍调查数据库，推进国家级自然资源统一确权登记工作，切实维护国家权益，有效支撑自然资源管理制度改革等国家重大战略。

项目主要对海林、大海林国务院确定的国家重点林区开展自然资源权属核实工作，并对重点林区的自然资源地籍调查数据进行内业审查，更新国家级自然资源地籍调查数据库。总结自然资源地籍调查工作中的重点问题，开展自然资源地籍调查成本测算研究和自然资源地籍调查成果应用研究，研究编制《自然资源地籍调查成果应用研究报告》《自然资源地籍调查成本测算指南（建议稿）》，为推进全国自然资源地籍调查奠定管理、政策和技术基础。

通过项目实施，研究制定了自然资源地籍调查成本测算指南，为自然资源地籍调查经费预算编制提供了参考。通过开展海林、大海林国务院确定的国家重点林区自然资源统一确权工作，划清全民所有和集体所有之间的边界，划清全民所有、不同层级政府行使所有权的边界，划清不同类型自然资源之间的边界，有效支撑了权属清晰、权责明确、流转顺畅、保护严格、监管有效的自然资源产权制度的建立，切实履行了"两统一"职责，为我国自然资源合理开发、有效保护和严格监督提供了有力保障。

国土空间规划与用途管制技术

国土空间规划创新研究

项目按照《中共中央 国务院关于建立国土空间规划体系并监督实施》有关要求，结合自然资源部国土空间规划局有关工作安排，围绕支持服务全国国土空间规划编制需求，开展标准体系、法律体系和关键规划技术研究。落实加强新时代空间治理能力现代化建设，促进生态文明建设，形成绿色发展方式和生活方式等要求，按照国土空间规划编制实施需求，加强基础问题研究和关键技术研发，为各级国土空间规划编制实施做好理论储备和技术支撑。具体工作内容如下：

一是推进《全国国土空间规划纲要（2021—2035年）》主要内容在各级各类国土空间规划中充分传导实施。针对重点区域和重要问题开展研究，推动各级各类规划传导实施。研究国家和重点区域国土空间开发保护基本问题，服务国家和重点区域国土空间规划编制工作。创新国土空间规划理论技术方法，明确各级规划理念、重点内容，推动五级三类国土空间规划体系建立和完善。

二是深化技术标准研究。落实《中共中央 国务院关于建立国土空间规划体系并监督实施的若干意见》中关于技术标准体系的要求，推进《省级国土空间规划编制技术规程》印发实施和宣传推广，对目前不符合实际情况的技术标准体系进行更新，推动建立"多规合一"的规划技术标准体系。

三是开展重点区域国土空间开发保护基础研究，研究重点区域国土空间开发保护基本问题，服务重点区域国土空间规划编制工作。在"三条控制线"划定基础上，持续关注三大空间矛盾冲突与变化情况，支撑了"三条控制线"优化调整工作。厘清不同尺度、不同区域国土空间开发保护基本问题，为国土空间规划真正成为"管用、实用、必用"的规划奠定坚实基础。

四是开展重点城市群地区国土空间优化研究。针对不同区域和发展阶段的城市群进行国土空间开发利用研究，基于区域协同发展视角，借鉴相似城市群发展经验，关注人口流动、产业发展、城乡融合、耕地保护、生态提升等方面的特征和问题，提出优化建议，促进城市群资源节约集约利用和一体化发展。

城市群国土空间优化开发研究

项目在开展国土空间规划基本理论研究的基础上，开展城市群地区国土空间优化开发研究，针对不同区域和发展阶段的城市群进行国土空间开发利用研究，基于区域协同发展视角，关注人口流动、产业发展、城乡融合、耕地保护、生态提升等方面的特征和问题，提出优化建议，促进城市群资源节约集约利用和一体化发展。开展《全国国土空间规划纲要（2021—2035年）》编制成果整理和宣传推广工作。

项目研究探索了城市群国土空间协同发展的评价体系，从区域协调视角，基于要素解析提出了城市群地区国土空间协同发展的体系构建思考，为相关研究提供参考。城市群是一个开放的自然—经济—社会复合系统，研究深刻把握城市群的新特征、新要求，结合国土空间开发利用现状，从全新视角提出城市群地区国土空间优化开发的政策建议。提炼阐释城市群地区国土空间协同发展的问题与短板，制定有针对性的政策建议，以期服务政府决策。

重点区域国土空间开发保护研究

项目旨在贯彻党中央关于重点区域国土空间开发保护的指导方针，落实建立健全"五级三类"国土空间规划体系的要求，优化重点区域国土空间开发保护布局，推动形成高质量发展格局，按照重点区域各级各类规划编制实施需求，加强基础问题研究和关键技术研发，为各级国土空间规划编制实施提供了坚实的理论基础和技术支持。

项目厘清不同尺度、不同区域国土空间开发保护基本问题，推进《京津冀国土空间规划（2021—2035年）》编制工作。研究农牧交错带、西北能源资源富集区、东北地区生态空间等重点区域国土空间开发保护基本问题，优化国土空间资源配置，构建国土空间保护开发安全格局。在"三条控制线"划定基础上，持续关注三大空间矛盾冲突与变化情况，支撑后续"三条控制线"优化调整工作。

《京津冀国土空间规划（2021—2035年）》对京津冀国土空间开发保护作出了战略性、前瞻性、全局性部署安排，是京津冀地区国土空间保护、开发、利用、修复等各类空间活动的总体安排，是统筹区域资源要素利用的空间指引，对落实国家发展战略，贯彻《京津冀协同发展规划纲要》主要任务，发挥在京津冀国土空间开发保护中的战略引领和刚性约束作用，促进区域协同发展具有重要意义。农牧交错带等重点地区的系列研究，积极响应习近平生态文明思想，阐明了生态脆弱地区国土空间开发保护规律，有效促进了区域高质量发展。

国土空间用途管制制度政策研究

项目以国土空间规划体系为依据，开展德国国土空间用途管制的深入研究，进一步研究生态保护红线内退出、调出的人为活动及生态修复等管制规则，并进行典型省生态保护红线用途管制监测评估，开展机构改革后国土空间用途管制制度建设进程和政策环境变化趋势的分析研究，深化用途管制的监测评估技术体系研究，为规范国土空间开发和保护管理、促进科学决策提供了基本理论和有效手段。

项目系统分析总结了德国国土空间用途管制的历史演变和基本框架。基于国内外国土空间用途管制实践和规则制定经验，研究制定区分城镇开发边界内外、突出底线管控、全域全类型全生命周期的国土空间用途管制通用规则。结合国土空间规划编制实施和生态保护红线划定管理的新要求，研究国土空间用途管制监测评估技术体系和生态保护红线内的用途管制规则。以江西省为典型案例，研究生态保护红线用途管制监测评估方法。

通过项目实施，为持续开展的国际经验借鉴研究提供了全面系统的德国经验，丰富了国外国土空间用途管制体系借鉴系列研究成果。在前期分区分类国土空间用途管制规则研究基础上继续深化，推动了国土空间用途管制规则研究，构建了"通则+细则"的用途管制规则框架。探讨构建了国土空间用途管制监测评估技术体系，并结合目前存在的管制问题提出了监测评估的工作建议，为政府部门的决策提供有力依据，为自然资源主管部门建立国土空间用途管制制度奠定坚实基础。

城镇开发边界内国土空间用途管制规则研究

项目立足国土空间用途管制制度建设要求，深化城镇开发边界内用途管制规则研究，研究城镇开发边界内集中建设区、弹性发展区和特别用途区的差别化管理要求，为构建并实施国土空间用途管制提供技术支撑。通过分析我国城镇开发边界内国土空间用途管制政策运作现状及存在的问题，总结美国、日本、荷兰、新加坡、中国台湾等国内外用途管制制度的主要内容和特点，研究提出我国城镇开发边界内国土空间用途管制规则创新路径。

项目基于全域国土空间用途管制体系视角，以"用途管制规则"为立足点，探索在用途管制分区、计划管理、空间准入、用途转用等各个环节的具体运作规则，为新时代国土空间用途管制制度的构建提供科学依据。

国土空间用途管制运行体系研究

项目立足国土空间用途管制制度建设目标和改革实际，围绕国土空间用途管制监测、土地利用计划管理、城乡建设用地增减挂钩管理、用地审批行政复议诉讼法律问题等方面开展研究，分析国土空间用途管制重点运行载体和运行环境存在的问题，提出优化运行体系、健全国土空间用途管制制度的政策建议，为提升国土空间用途管制制度运行效率提供依据。具体工作内容如下：

一是开展国土空间用途管制监测评估技术研究，基于已有国土空间用途管制监测指标体系和技术方法研究成果，研究构建面向国土空间用途管制制度政策运行过程及运行效能的监测评估技术体系，支撑重点区域/领域用途管制政策运行状况监测分析和用途管制重点政策年度跟踪评估。

二是开展土地利用年度计划绩效考核评估技术研究，制定绩效考核评估内容、构建评估指标体系、明确指标计算方法及评判标准，全面评估土地利用计划管理制度效能。

三是继续开展城乡建设用地增减挂钩节余指标跨省域调剂项目核查，总结梳理近两年核查发现的问题，研究提出过渡期城乡建设用地增减挂钩节余指标跨省域调剂项目核查规则；优化核查流程和方法，开展年度城乡建设用地增减挂钩节余指标跨省域调剂项目核查工作。

四是提供国土空间用途管制专项法律服务，协助处理日常法律事务，并就重大法律争议进行法律分析，提出法律意见或建议；基于国土空间用途管制领域涉及的行政诉讼、行政复议问题，总结国土空间用途管制制度运行中的法律风险点，从法律角度提出用地审批等工作的优化建议。

项目在国土空间用途管制监测评估和土地利用计划执行评估方面取得了深入且富有成效的成果，为各地区提供了重要的经验和借鉴，也为各级政府部门在国土空间治理领域的现代化转型升级提供有力支持。同时，所形成的增减挂钩节余指标跨省域调剂项目核查结果为脱贫攻坚资金转移支付提供了扎实的数据支撑和有力的决策参考。

主体功能区战略制度和资源环境承载能力评价与监测预警工程

项目贯彻落实党的二十大"健全主体功能区制度，优化国土空间发展格局"要求，围绕习近平总书记关于"完善和落实主体功能区战略"的目标，创新新时代主体功能区战略和制度理论，完善主体功能战略、分区及空间传导机制，完善主体功能区配套政策和监测评估长效机制。具体工作内容如下：

● 主体功能区战略制度研究

已初步形成国家级重点生态功能区、国家级农产品主产区、国家级城市化地区的监测评估指标和技术方法研究成果；形成典型东部沿海省份——广东省、中部矿产资源富集省份——湖南省、典型西部边疆省份——广西壮族自治区等不同地理区位和具有不同资源特色区域的主体功能区监测评估成果；在国家级主体功能区名录调整规则基础上，借鉴地方主体功能区细化分区和名录调整实践探索经验，形成全国主体功能区县域单元优化调整方案；形成了针对不同研究任务的数据集，包括全国2860个县域单元主体功能区监测评估基础数据集（含资源环境、社会经济等指标数据）、全国2860个县域单元主体功能区名录数据集；开发了主体功能区监测评估分析软件。

● 资源环境承载能力评价与监测预警

通过梳理典型省市"双评价"成果，总结完善《资源环境承载能力和国土空间开发适宜性指南（试行）》，提高"双评价"的科学性和可操作性，推动"双评价"成果在各级国土空间规划中的有效应用。选取广东、广西、湖南等省份，开展资源环境承载能力监测预警试运行工作，建立资源环境承载能力监测预警长效机制，为开展基于资源环境承载能力监测预警的主体功能区实施成效监测预警机制探索方法和路径。

项目配合自然资源管理系列工作，结合经济社会发展新常态的特征，深入研判空间利用面临的新形势，开展空间规划重大问题研究，提出有针对性的规划建议，形成系列研究报告，为自然资源管理和国土空间规划工作提供支撑。

》国土空间规划实施监督机制研究和实施评估

项目旨在深入贯彻落实《中共中央 国务院关于建立国土空间规划体系并监督实施的若干意见》、自然资源部办公厅《关于认真抓好〈国土空间规划城市体检评估规程〉贯彻落实工作的通知》（自然资办发〔2021〕55号）等文件要求以及"健全规划实时监测、定期评估、动态维护制度，建立城市体检评估机制"等指示精神，根据自然资源部国土空间规划局监督实施管理需求，通过开展全国重点城市体检评估、专项体检评估、信息化技术支撑辅助等工作，为国土空间规划编制、审批和维护提供参考，为提高国土空间治理体系和治理能力现代化水平，构建可持续发展的国土空间格局提供支撑。

项目开展全国重点城市体检评估，收集整理、更新重点城市体检评估指标数据，完成全国重点城市体检评估汇总分析。深化专项体检评估研究，开展城市群、都市圈国土空间体检评估体系研究，城市内部防洪排涝设施空间专项体检评估研究。研发国土空间规划体检评估辅助软件，开发数据入库、汇总、统计分析、成果可视化展示等功能。项目成果为完善国土空间规划实施监督体系提供了参考，为切实解决空间治理关键问题、提升空间治理能力提供了支撑。

长江经济带国土空间规划编制重点问题研究

项目梳理识别国土空间开发保护、重点资源和重点空间管控政策演变、特征及存在问题，重点围绕国土空间要素的历史演变、经济发展与产业结构、规划实施配套政策等专题持续深化研究，为完善长江经济带国土空间规划提供科学支撑。

项目深度梳理识别国土空间开发保护、重点资源和重点空间管控政策演变、特征及存在问题，研究提出相关规划优化方案和政策改进建议，为完善长江经济带国土空间规划提供科学支撑。结合专题研究成果，完善国土空间基础与形势、农业格局、岸线保护利用、规划实施保障等纲要文本内容。

长江经济带国土空间规划全生命周期管理制度建设研究

项目开展国土空间资源环境承载能力监测预警研究，深化完善相关技术方法。开展案例区、配套政策与长效机制的研究。开展国土空间规划实施监测评估研究，深化完善规划实施评估技术方法，开展年度、重点风险区域和不同功能类型的国土空间规划实施监测评估、规划实施配套政策研究，确保规划顺利实施。

项目针对不同类型的单要素超载、不同区域类型、不同预警类型，细化综合配套措施，提出国土空间承载力监测预警长效机制，切实发挥资源环境承载能力监测预警的引导约束作用。基于资源环境承载能力评价对临界超载地区和超载地区的识别结果，选取不同类型的典型区域，科学评价典型地区资源环境承载能力，动态了解并监测预警环境承载能力变化情况，识别重大风险问题，提出优化策略。深化完善规划实施评估指标体系及评估方法，探索保障规划实施的有效对策。研究不同类型区域差异化的实施评估技术方法与政策解析方法，提出针对不同类型区域、促进规划有效实施的调控方式与配套政策。

国土空间规划动态监测评估预警和实施监管机制

项目旨在通过开展省级、国务院审批总体规划城市、城市群和都市圈等不同层级国土空间规划实施监测评估，城市群、都市圈、区域中心城市和人口收缩城市国土空间体检评估，以及生态保护红线监测评估的基础理论、关键技术、模型算法、功能模块和年度工程化实施，初步构建国土空间规划实施监测评估以及重点区域重要底线监测评估的工作体系和技术体系，形成系列研究报告、数据集、年度评估报告等成果，为国土空间规划实施以及重点区域重要底线动态监测评估工作提供支撑。具体工作内容如下：

● 国土空间规划实施监测评估预警与重点区域体检评估

初步构建不同层级国土空间规划实施监测评估技术体系、城市群都市圈和区域中心城市国土空间体检评估技术体系，开展年度人口收缩城市体检评估分析，形成系列研究报告、评估报告、数据集等成果，为国土空间规划实施以及重点区域国土空间治理提供支撑。

主要开展国土空间规划实施监测评估和国土空间重点区域体检评估两方面工作，包括：区域、省级、市级等多层级国土空间规划实施监测指标体系、评估方法研究以及实证分析；城市群、都市圈、省级、区域中心城市风险评估技术方法体系、技术指南研究；基于感知体验的城市体检评估技术方法体系研究、人口收缩城市国土空间体检评估。

● 生态保护红线监测与保护成效评估

构建生态保护红线监测及保护成效评估方法体系，起草相关技术规范，并开展年度生态保护红线生态状况监测分析，对生态保护红线现状和变化开展试评估及预警，为开展国家层面规划监督考核提供科学依据。

一是以自然资源调查监测体系数据为基础，结合国土空间规划实施评估要求，围绕生态保护红线内部结构特征，构建生态保护红线监测及保护成效评估指标体系。

二是按照生态保护红线监管政策的相关要求，兼顾全国层面的通用性和区域层面的差异性，开展生态保护红线保护成效评估技术方法研究。

三是综合运用已有成果，开展2022年度生态保护红线生态状况初步分析。形成《生态保护红线监测及保护成效评估技术指南（征求意见稿）》和《2022年度生态保护红线生态状况监测分析报告》。

项目构建区域—省级—市级国土空间规划实施监测评估指标体系，研发国土空间规划实施监测评估关键技术，确立多尺度国土空间风险评估框架，构建城市空间感知体验评估指标体系、陆域生态保护红线监测指标体系、陆域生态保护红线保护成效评估指标体系，研究生态保护红线生态状况监测分析方法。

自然资源资产调查利用与评价

土地资源资产价值评估与核算

项目旨在完善土地等资产价值评估与核算基础理论和技术方法体系，探索开展全民所有自然资源资产损害赔偿技术标准预研究；在6个试点地区深化实践检验，开展期末考核等具体实践，进行成果集成和总结提升；开展自然资源产品多元化价值实现机制研究及全民所有自然资源资产损害赔偿实施机制和法律基础研究，提出实现机制的思路和具体建议，为全民所有自然资源资产管理工作提供基础支撑。具体工作内容如下：

● 自然资源资产价值核算基础理论和技术方法体系深化与拓展

完善土地等自然资产价值评估与核算基础理论和技术方法体系，起草《全民所有自然资源资产核算通则（送审稿）》；实现向全民所有自然资源资产权益维护领域的拓展，探索开展全民所有自然资源资产损害赔偿技术标准预研究。

● 深化全民所有自然资源资产评价考核机制建设试点实践

探索土地等全民所有自然资源资产核算、清查成果在评价考核应用中的方法设计，并按照自然资源部业务司局要求，在前两年工作的基础上，结合其最新工作方向及要求，在6个地区进行全民所有自然资源资产评价考核机制建设试点，选择部分地区和部分资源门类深化开展年度评价、探索期末考核等具体实践，进行成果集成和总结提升。

● 开展自然资源产品价值实现及资产损害赔偿专题研究

在前期研究基础上，开展自然资源产品多元化价值实现机制研究及全民所有自然资源资产损害赔偿实施机制和法律基础研究，提出实现机制的思路和具体建议，为全民所有自然资源资产管理工作提供基础支撑。

项目深化拓展核算领域，开展全资源门类的全民所有自然资源资产核算通则起草工作；开展全民所有自然资源资产考核评价机制的试点实证研究，按照委托代理整体工作部署，总结工作经验及问题，厘清工作路径及流程，实证检验整体评价考核机制设计的可操作性及合理性；通过对自然资源产品多元价值的界定，探索其价值构成，揭示其价值实现内涵，构建自然资源产品多元价值实现相关理论体系，结合国内外自然资源产品价值相关实践和研究，初步提出自然资源产品多元价值实现路径；明确提出全民所有自然资源资产损害赔偿可直接引用的法律依据，初步探索全民所有自然资源资产损害评估定价实施路径。

》自然资源价格调查、评价与监测

项目旨在完成地价监测技术方法优化及规程修订，从而逐步细化、拓展监测范围，丰富监测价格类型，提高监测成果的深度及广度，力求准确、快速地反映重点城市市场变化情况，完善公示地价体系，推进统一的土地市场价格实时监测体系建设。同时，开展自然资源价格调查监测基础理论研究及价格确定技术方法、机制研建，为启动实施一体化的自然资源价格调查、评价与监测系统工程做好技术储备。

在进一步优化和完善监测技术方法的基础上，项目完成监测试点工作，开展全国105个监测城市的城市地价监测数据采集、监测点维护，包括开展5个试点城市监测技术优化工作；根据新的技术要求对105个监测城市进行地价监测数据采集及监测点维护、商品房成本调查及房地产市场调查分析，并在进一步拓展监测范围的基础上，细化已有监测范围；开展城市地价监测分析，形成季度和年度分析报告，以及租价比、房地价比、热点区域等专题性分析工作。开展全国及主要城市住宅用地出让价格、溢价率、流标流拍、高价地情况动态监测，完成全国和71个城市住宅用地出让价格和异常交易监测情况月度报告；开展2023年度城市地价动态监测技术研究及规范修编；运行和维护全国地价监测系统和基准地价备案系统等。

项目形成的季度和全年的地价状况分析报告是自然资源主管部门及时跟踪重点城市地价走势，增强对资源市场监管的快速反应能力的重要抓手，为自然资源部制定相关政策，以及为各级政府及资源市场的参与方、资源的占有和使用方提供数据支持。全国105个城市近13343宗国家级监测点，真实地反映了各季度和全年的地价水平值，这些数据直接为各省、市显化土地资产、更新基准地价、完善价格体系、研判土地出让底价合理性等工作提供了有力的数据支撑，为国家及地方各统计部门发布统计公报提供了专业的地价信息数据，从而取得良好的社会效益和经济效益。

城市地价动态监测技术方法优化研究

通过在南京市、长沙市、广州市和成都市4个城市设立地价动态监测技术方法优化试点，开展地价动态监测技术方法优化研究，形成优化城市土地价格动态监测的技术思路和技术方法。开展《城市地价动态监测技术规范》修订研究，形成征求意见稿。具体工作内容如下：

一是开展理论与技术方法研究。统一对各监测城市监测技术方法进行系统梳理，按照连续性、可比性、准确性、代表性的原则，开展各城市监测范围划定、地价区段划分和监测点设立等技术方法的优化研究，提出具有可操作性的技术方案；开展评估结果影响因素研究、评估方法适用性研究、评估参数内业核对办法设定，确保监测结果切实反映实际市场价格水平。

二是深入试点实践经验总结。按照自然资源部各业务司局要求，通过在5个城市开展城市地价动态监测优化技术方法应用试点，分析区域、市场差异及价格变化情况，验证新技术理论在实际工作中的科学性和适用性。

三是开展《城市地价动态监测技术规范》修订研究。根据试点及各城市地价动态监测优化技术方法实际运用效果反馈和总结提炼，进一步完善监测技术体系，对《城市地价动态监测技术规范》进行修订，形成征求意见稿。

全民所有建设用地资源资产清查

项目以服务统一行使全民所有自然资源资产所有者职责为目的，落实全国人大常委会关于国有资产管理情况监督工作的五年规划（2023—2027年）的具体任务，在年度国土变更调查等各类自然资源调查成果的基础上，完成全民所有建设用地资源资产清查，基本摸清资产家底，基本建立资产清查制度和技术规范体系，为加强全民所有自然资源资产管理，加快构建系统完备、科学规范、运行高效的自然资源资产产权制度体系提供信息和决策支撑。具体工作内容如下：

● 中央事权的东北虎豹国家公园全民所有建设用地资源资产清查

按照全民所有自然资源资产清查工作的总体要求和2023年度工作进度安排，对中央事权的东北虎豹国家公园开展全民所有建设用地资源资产清查工作。完成东北虎豹国家公园所在地黑龙江省的东宁市、穆棱市、宁安市和吉林省的珲春市、图们市、汪清县的建设用地资源资产清查工作，开展数据汇总分析并形成相关清查成果。

● 西藏自治区的日喀则市、昌都市全民所有建设用地资源资产清查

按照全民所有自然资源资产清查工作的总体要求和2023年度工作进度安排，对西藏自治区日喀则市、昌都市开展全民所有建设用地资产清查工作。技术人员赴西藏自治区实地开展日喀则市、昌都市建设用地资源资产清查工作，形成相关清查成果。

● 对全民所有建设用地的价格体系矢量及相关成果的质检

通过不断完善质检规则、优化质检工具，采用人机交互的方法，从有效性、完整性、逻辑性、拓扑4个方面对31个省（自治区、直辖市）及新疆生产建设兵团的建设用地价格体系矢量成果开展了5轮质检，并完成数据入库工作。建立形成31个省（自治区、直辖市）及新疆生产建设兵团2800多个县级单元内涵统一、空间和地类上全覆盖的全民所有建设用地清查价格体系矢量化成果数据库。

● 持续修改完善清查技术标准

结合第二批试点工作情况，对关键性问题进行研究，持续对全民所有建设用地资源资产清查技术规程和技术指南进行完善。结合清查工作情况，按照自然资源部自然资源所有者权益司统一安排，对全民所有建设用地资产清查技术指南征求各省意见，并根据意见修改完善，形成深化试点阶段适用的全民所有建设用地资产清查技术指南。依据自然资源部各司局的反馈意见，对技术规程进行多轮修改完善，形成《全民所有建设用地资源资产清查技术规程（征求意见稿）》，完成规程线上线下征求意见，梳理并回应意见，形成意见汇总处理情况表和《全民所有建设用地资源资产清查技术规程（送审稿）》。

● 对试点地区的全民所有建设用地资产清查工作开展质检技术指导和过程性抽查

持续对试点地区全民所有建设用地资源资产清查成果的核查工作提供技术指导，并通过外业调查和召开片区会、调研等方式，对浙江省、贵州省、北京市等试点地区清查工作进行过程性抽查，对各地清查工作的组织模式、技术路线、基础资料、过程性成果等进行检查。

● 对试点地区全民所有建设用地资产清查工作进行技术培训、跟踪调研与技术指导

开展跟踪调研，完成浙江省、贵州省、北京市等省份调研，并持续开展全民所有建设用地资产清查深化试点工作技术指导；与相关负责单位开展交流研讨，对深化试点阶段清查成果的核查规则提出意见建议；对黑龙江省开展技术培训。

● **全民所有建设用地资产清查成果的全国层面数据成果汇总、报告编写**

按照清查工作统一部署安排，梳理全民所有建设用地资源资产清查深化试点工作开展情况，总结地方实践经验问题，编写试点总结报告。

项目成果用于年度全民所有自然资源资产负债表的编制，为自然资源部国有建设用地使用权期限届满续期政策研究提供数据支撑服务；部分试点地区在成果应用方向上进行了拓展性的探索，包括结合自然资源清单和资产清查成果开展省级政府代理履行所有者职责的自然资源资产"上图入库"、国企用地专项调查、用地潜力评价分析、城市更新中存量建设用地的盘活探索、国土空间规划城市体检评估，推动资产的保值增值和可持续利用、远期的自然资源保护、储备土地的动态管理等。

》2023年度全民所有农用地资源资产清查技术体系优化与试点分析

项目以服务统一行使全民所有自然资源资产所有者职责为目的，落实全国人大常委会关于国有资产管理情况监督工作的五年规划（2023—2027年）的具体任务，在全国年度国土变更调查等各类自然资源调查成果的基础上，完成全国全民所有农用地资源资产清查，基本摸清资产家底，基本建立资产清查制度和技术规范体系，为加强全民所有自然资源资产管理，加快构建系统完备、科学规范、运行高效的自然资源资产产权制度体系提供信息和决策支撑。具体工作内容如下：

● **开展中央直接行使所有权的东北虎豹国家公园全民所有农用地资源资产清查试点**

按照2023年全民所有自然资源资产清查工作进度安排，开展中央事权国有林区和国家公园农用地资源资产清查技术与方法研究，编制2023年度中央事权国有林区和国家公园全民所有农用地资源资产清查技术研究报告。开展2023年度中央事权东北虎豹国家公园全民所有农用地资源实物量清查和经济价值估算，并探索开展所有者职责履职主体、使用权情况等管理信息清查，形成2023年度中央事权东北虎豹国家公园全民所有农用地资源资产清查报告和数据成果。

● **完成西藏自治区日喀则市、昌都市全民所有农用地资源资产清查**

完成日喀则市、昌都市全民所有农用地资源实物量清查，并结合西藏自治区国有农用地资产清查价格体系完成经济价值估算，形成2023年度西藏自治区日喀则市、昌都市全民所有农用地资源资产清查数据成果，编写2023年度西藏自治区全民所有农用地资源资产清查报告。

● 开展全民所有农用地资产清查2023年深化试点技术支撑和成果汇总分析

为全国各试点地区提供全民所有农用地资源资产清查技术培训、跟踪指导和技术支撑，完成部分省份全民所有农用地资产清查工作调研，对试点地区开展全民所有农用地资产清查工作技术指导。对2023年深化试点地区全民所有农用地资源资产清查成果的核查质检工作提供技术指导，并通过外业方式，对部分地区清查工作进行过程性检查（成果抽查），对当地清查工作的组织模式、技术路线、基础资料、过程性成果等进行检查。开展2023年全民所有农用地资产清查深化试点工作问卷调查、工作总结与成效评估分析，编写2023年度全民所有农用地资产清查工作总结与成效评估分析报告。开展2023年深化试点地区全民所有农用地资产清查成果汇总分析，编写2023年度全民所有农用地资产清查（深化试点地区）成果报告。

● 健全全民所有农用地资源资产清查技术标准体系

开展对全民所有农用地资产清查技术规程意见的征求工作，结合清查工作情况和各方意见，对关键技术问题进行研究，持续对全民所有农用地资产清查技术指南、清查技术规程等相关技术标准进行修订和优化完善，形成《全民所有农用地资源资产清查技术规程（送审稿）》。结合第二批试点情况和制定的资产清查制度体系，对全民所有农用地资源资产清查技术指南进行修订完善。

● 开展2023年全民所有农用地资产清查成果分析应用研究

深化开展全民所有农用地资产清查成果分析应用研究，编写2023年度全民所有农用地资产清查成果分析应用研究报告。

项目探索了成果在委托代理机制试点中的应用方向和应用路径，可为委托代理机制试点落地提供支撑；成果应用于年度全民所有自然资源资产负债表的编制，其中全民所有农用地资产价格体系是负债表编制时经济价值核算的直接来源。探索研究了相关成果在自然资源资产配置和有偿使用中的应用方向和应用路径，为自然资源资产有偿使用配置提供底数，为配置方案编制时确定资产价值和有偿使用收益上缴预算编制提供依据，为自然资源资产资本化运作提供数据支撑等。

》 2023年度全民所有农用地资产清查价格体系构建

项目以服务统一行使全民所有自然资源资产所有者职责为目的，落实全国人大常委会关于国有资产管理情况监督工作的五年规划（2023—2027年）的具体任务，通过在全国范围内开展农用地价格信号收集与测算，构建了一个初步实现全国统一可比的全民所有农用地资源资产清查价格体系，作为全国开展农用地资源资产经济价值核算的指导标准。具体工作内容如下：

● 开展各省份2023年上报农用地价格信号数据的国家级核查

以国土调查云为基础，开展全民所有农用地价格信号数据采集模块研发，组织开展全国各省份按二级地类补充上报的农用地价格信号数据，接收、整理、分析各省份按二级地类补充上报的农用地价格信号数据，对各地上报的农用地价格信号数据进行国家级内业核查，对存在质疑的价格信号数据与地方进行沟通，必要时开展外业核查。

● 开展基于二级地类的耕地资源资产清查国家级价格体系测算

对2022年度已上报的和2023年度补报的农用地价格信号统一进行规范化处理，按照国家级均质区域、二级地类对农用地价格水平进行测算，形成基于二级地类的全民所有农用地资产清查国家级价格体系，就形成的国家级价格体系向各省份征求意见，并进一步完善。

● 开展全民所有农用地资产清查价格细化技术方法研究

根据自然资源资产清查工作的深入，以及试点地区工作中发现的问题，开展全民所有农用地资产清查价格细化的技术方法研究，并将相关技术方法在《全民所有农用地资源资产清查技术规程》《全民所有农用地资源资产清查技术指南》中的"价格体系建设""农用地经济价值核算"等相关章节中体现，用以指导试点工作。

● 完成全民所有农用地资产清查国家级价格体系分析评估与优化研究

调研总结基于耕地质量等别建立的全民所有农用地资产清查国家级价格体系，开展价格体系使用情况分析评估和清查价格体系优化研究，形成全民所有农用地资产清查价格体系分析评估与优化研究报告。

● 开展全民所有农用地资产清查省级价格体系优化技术指导和成果核验

为各地建立全民所有农用地资产清查省级价格体系提供跟踪指导和技术支撑，开展相关调研，及时解答相关技术问题，梳理试点工作中发现的问题，及时进行总结并加以解决；对省级价格体系成果进行核验。

通过项目实施，首次构建了覆盖全国的国有农用地资源资产清查价格体系，研制形成了国有农用地资产清查技术标准规范，并在全国资产清查第二批试点工作中得到全面应用，取得良好效果；查清了全国资产清查第二批试点地区的国有农用地资产"家底"情况，进一步验证、优化和健全了全民所有自然资源资产清查制度与技术规范体系，为下一步全面准确摸清我国国有农用地资源资产"家底"奠定了重要基础。

全民所有自然资源资产清查（储备土地）

全民所有自然资源资产清查是所有者权益管理的重要基础性工作。为落实《关于建立国务院向全国人大常委会报告国有资产管理情况制度的意见》中的具体任务，结合《自然资源部办公厅关于开展深化全民所有自然资源资产清查试点工作的通知》（自然资办函〔2023〕1334号）要求，通过项目实施，建立健全储备土地资产清查制度和技术标准体系，指导地方开展试点清查工作，基本摸清储备土地资产状况，为加强储备土地资产统筹管理、履行所有者职责、维护所有者权益提供有力支撑。具体工作内容如下：

● 加强技术标准规范建设

构建储备土地资源资产属性信息调查、经济价值估算、质量检核、成果汇交等关键环节技术标准，研制完成《储备土地资源资产清查技术规程（征求意见稿）》，为开展清查工作提供支撑和依据。

● 配合完成深化试点工作

配合自然资源部自然资源所有者权益司制定深化试点方案、优化完善清查技术指南等，配合完成全国线上培训工作，有效推进试点清查工作；研究制定2023年储备土地资产清查工作方案，为深化试点工作奠定坚实基础；完成约500次的技术解答。

● 完成西藏自治区资产清查

完成实物量清查、价值量核算工作，形成包括报告、图集、汇总表、数据集在内的西藏自治区试点清查成果。

● 有力推进全民所有自然资源资产负债表编制

设计储备土地资产数量和价值量负债表，完成全国及各省份储备土地资产数量和价值量负债表核算编制工作，为部级会审提供数据支撑。完成《储备土地资产负债表试编数据成果分析报告》，并提交自然资源部自然资源所有者权益司。

● **持续深化清查成果分析应用研究**

持续深入开展储备土地资产清查成果在资产配置规划、资产负债表、自然资源资产报告等方面的应用，研究储备土地资产清查成果如何更好地服务于委托代理机制、自然资源资产管理等，为加强储备土地资产管理，履行所有者职责、维护所有者权益提供支撑。

自然资源等级调查与监测

项目旨在为深入贯彻落实党中央、国务院决策部署，履行部门职责和法律规定，满足自然资源管理实践需要，通过开展自然资源等级调查与监测，研究构建园地分等、定级和估价的方法、评价指标体系和程序，形成《园地估价规程（报批稿）》行业标准，指导开展全国园地分等、定级和基准地价制定工作，掌握全国园地资源资产的质量、分布、保护和开发利用状况，为园地资源的保护和合理开发、有偿使用，以及自然资源资产统一评估与核算等提供技术支撑。

项目开展了如下工作：一是编制形成《园地估价规程（报批稿）》，并按照国家标准化管理委员会、自然资源部各司局意见进行了修改完善，通过国家标准化管理委员会审查、网上公示；二是对全国园地分等成果进行汇总分析，形成了全国园地分等成果分析报告；三是协助自然资源部自然资源开发利用司对31个省（自治区、直辖市）及新疆生产建设兵团的园地定级和基准地价制定工作开展技术指导；四是赴贵州省、陕西省、江西省开展园地、林地、草地定级和基准地价制定工作情况调研，赴内蒙古自治区、青海省、辽宁省、山西省、重庆市开展技术培训。

项目的实施及研究成果为全国园地分等、定级和基准地价工作提供了技术标准，有助于园地分等、定级和基准地价制定工作高标准、规模化实施，确保了园地分等、定级和基准地价成果的规范性和科学性；为实现园地资源保护和合理利用提供了技术基础，是完善自然资源资产分等定级价格评估制度的重要措施。

开发区（产业园）土地集约利用状况调查与评价

项目围绕自然资源节约集约利用制度建设总体要求和管理需求，全面开展开发区用地等建设用地节约集约利用状况调查与评价，获取具有时间序列和空间覆盖度的国家级建设用地节约集约利用调查数据并制定指导性评价指标，实现产业园节约集约用地调查评价数据的动态更新，更新国家级数据库，完善调查与评价工作技术体系，为科学用地管地、全面推进自然资源管理现代化奠定基础。具体工作内容如下：

● 全国开发区（产业园）用地集约利用监测统计及应用研究

完成全国开发区（产业园）土地集约利用状况汇总分析，根据《自然资源部办公厅关于开展2023年度开发区土地集约利用监测统计有关工作的通知》（自然资办函〔2023〕1349号）和《2023年度开发区土地集约利用监测统计技术方案》，组织31个省（自治区、直辖市）及新疆生产建设兵团开展了除旅游度假区和农业类园区之外的590个国家级开发区、2158个省级开发区、1804个二类产业园的土地集约利用监测统计。在此基础上开展国家级开发区汇总分析，完成了全国一类产业园用地潜力调查与分析，编制了《全国产业园用地潜力分析报告》。完成了开发区土地集约利用政策研究，整理开发区土地集约利用方面的政策，分析政策成效，提出开发区土地集约利用成果应用政策建议。

● 开发区待建地提取技术研究

在往年工作成果的基础上，形成了开发区待建地识别与提取技术指南，开发了基于高分辨率遥感影像的待建地提取软件。

通过项目实施，摸清了开发区土地集约利用状况和集约利用潜力，明确了开发区土地的挖潜方向、途径，为开发区的升级、扩区、调区等审批环节提供参考。开发区土地政策研究为制定宏观土地政策、科学编制相关规划、创新土地利用方式等提供基础支撑和决策依据，对促进节约集约用地具有重要意义。

》建设用地节约集约利用整体和详细评价基础研究与推广应用

项目旨在完善建设用地节约集约利用整体和详细评价技术体系并推动标准研制，开展年度行政区整体评价，加强建设用地节约集约利用评价信息技术支撑，为科学用地管地、全面推进自然资源管理现代化奠定基础。具体工作内容如下：

● 建设用地节约集约利用评价成果应用研究

完成建设用地节约集约利用整体评价和详细评价技术标准研制。加快推进建设用地节约集约利用整体评价、详细评价规程和数据库标准等行业标准研制工作；完成年度行政区建设用地节约集约利用状况整体评价汇总分析，分析不同区域、不同省份建设用地节约集约利用总体状况、变化趋势、区域差异、基本特征和存在问题，提出促进节约集约用地的相关政策建议；完成全国建设用地节约集约利用状况分析体系研究、重点区域建设用地节约集约利用状况分析体系及实证研究、新能源产业用地节约集约利用评价技术体系研究等工作；出版《中国城市建设用地节约集约利用报告No.3》《中国城市建设用地节约集约利用报告No.4》。

● 建设用地节约集约利用评价信息化建设

在2022年度构建的建设用地节约集约利用状况评价分析系统平台基础上，完成系统平台的功能扩展，完善数据汇总、整理、成果可视化、自定义分析、成果图编制等功能，更新国家级数据库。

低效建设用地再开发利用与土地使用标准研制

项目对低效用地再开发试点开展情况进行跟踪研究，开展低效用地再开发中"工改工"项目实施路径、乡村低效用地再开发盘活利用市场化研究工作。开展土地使用标准研制工作，对基础设施建设项目进行土地使用标准评估研究，对部分土地使用标准进行制修订，对建设项目节地评价实施跟踪。具体工作内容如下：

● 低效建设用地再开发利用

一是低效用地再开发试点地区推进情况跟踪研究。对典型地区低效用地再开发试点工作的运行机制、实施路径、土地供应、资金保障、利益分配等方面进行研究，及时掌握试点情况，发现问题并分析原因，适时提出相关意见和建议，针对性地开展政策指导，对试点的经验及时梳理、总结、提炼，形成可复制、可推广的低效用地再开发典型经验，为地方低效用地再开发工作的稳妥有序开展提供技术支撑。

二是低效用地再开发中"工改工"项目实施路径研究。选取地方低效用地再开发中"工改工"典型项目，从产业准入与退出、土地用途调整与复合利用、产权确认与转移、开发强度与途径、收益平衡与再分配等方面入手，剖析不同实施路径下"工改工"项目整体推进、多方式开发、市场流转、联动工改、收益平衡等的政策依据、核心环节、有效实现方式等，总结提出"工改工"项目的典型模式和先进经验，研究提出推进及激励"工改工"项目的有效政策措施及实施路径。

三是开展乡村低效用地盘活利用市场化研究。开展基础理论研究，梳理有关乡村地区用地的经济、社会、产权等理论内容及相关土地政策，研究最新学术成果。重点研究乡村土地盘活利用主体、盘活利用方式和路径、用途转换、利益分配方式等，为未来开展乡村低效用地盘活利用工作推进提供理论基础。开展农村集体经营性建设用地入市及其实施路径研究，针对入市试点，开展入市相关配套政策研究，跟踪农村集体经营性建设用地入市相关文件的落实情况，研究典型地区农村集体经营性建设用地入市工作的主要实施流程。

● 土地使用标准研制

一是土地使用标准评估研究。开展基础设施的节约集约用地评估。对已经建成的铁路、公路、机场等基础设施，对照土地使用标准具体要求，开展节约集约用地评估工作，分析该标准目前在实际应用中存在的问题及不足，提出修改意见和改进措施。为土地使用标准的研制修订工作提供支撑。

二是土地使用标准研制。开展城市轨道交通工程项目建设用地控制指标的研制工作，分析轨道交通车辆制式、地上地下站、换乘枢纽、车辆基地等用地情况，对轨道交通类工程项目的功能分区、用地规模给出明确的控制性规定，形成《轨道交通工程项目用地指标（征求意见稿）》，为轨道交通工程项目用地控制提供技术依据。

三是建设项目节地评价研究。跟踪了解各地建设项目节地评价的实施情况，掌握该项政策执行情况以及地方执行的难点，为地方规范开展建设项目节地评价提供指导。开展重大建设项目生成阶段的标准控制研究工作，开展建设项目的论证研究，提高建设项目用地的科学性与规范性，提高建设项目的用地效率。

在三线管控、资源紧约束的客观要求下，厉行节约集约用地，盘活存量建设用地，事关乡村振兴、社会高质量发展。项目围绕低效用地再开发和土地使用标准制修订，开展理论研究、政策支撑、技术规范及实施指导，为城镇低效用地再开发、乡村存量集体建设用地节约挖潜及工程项目建设用地节约集约利用提供技术保障。

》土地储备监测评价与资产配置研究

项目旨在全面加强国有土地资产统筹管理，切实履行所有者职责、维护所有者权益。通过本项目实施，开展土地储备与资产配置理论、技术标准体系和政策制度研究，以及土地储备和土地资产配置监测分析评价，规范土地储备管理运行，提升要素市场化配置水平，为保障自然资源资产所有者权益的实现提供政策支撑。具体工作内容如下：

● 土地储备监测评价

一是土地储备基础研究。开展土地储备引入社会资本等融资方式研究。

二是土地储备监测评价。健全完善土地储备监测评价指标体系；开展土地储备实施监测评价分析；对京津冀城市群典型地区开展专项调研，为完善土地储备制度建设进行实践经验的储备；开展监测成果分析应用，探索监测成果在土地储备信息公开、储备土地资产负债表、自然资源资产报告、国土空间规划编制等方面的应用。

三是土地储备技术标准体系建设。按照全业务流程规范化管理的要求，开展储备土地资产保护和使用规划重大问题、土地储备三年滚动计划和年度计划编制规范、土地储备成本核算标准等研究。

四是储备土地资产负债表编制。完善储备土地资产负债表报表体系，研制储备土地资产负债表编制手册，开展资产负债表成果分析应用研究及技术指导与服务。

五是土地储备政策研究。开展土地储备资金保障模式研究，形成相关政策建议。

六是土地储备机构名录更新。建立常态化名录审核机制，完成2023年度土地储备机构更新工作。

● 国有土地资产配置

一是土地资产配置基础研究。开展国有建设用地使用权配置研究；开展国有农用地、国有未利用地使用权配置权利体系研究；开展工业用地租赁制研究；开展地上地下空间配置研究；开展国有建设用地使用权出让期限届满续期研究。

二是土地资产配置实证研究。总结推广各地地上地下空间使用权配置实践做法，梳理配置范围、规划管理、用地管理、产权登记、使用管理等关键问题，破解地上地下空间开发利用的堵点难点，形成调研报告。

通过项目实施，制定了土地储备和资产配置系列技术标准体系，在全国范围内得到广泛应用，有效指导了各地土地储备制度的建立、土地储备工作的持续健康发展以及资产的最优化配置；形成了多条政策建议，有力支撑了自然资源部修订《土地储备管理》《国有建设用地使用权出让合同范本》和制定《划拨用地目录》等，保障了自然资源资产管理制度的建立健全和实施，为落实统一行使全民所有自然资源资产所有者职责、高质量发展和生态文明建设奠定了基础。

全民所有自然资源资产所有权委托代理机制建立

项目旨在通过开展储备土地资产所有权委托代理、全民所有自然资源资产出资人制度基础研究和西藏自治区全民所有自然资源资产所有权委托代理机制建立等工作，研制储备土地资产保护和使用规划，健全全民所有自然资源资产出资人制度与绩效监测评价体系，建立"统一行使、分类实施、分级代理、权责对等"的全民所有自然资源资产所有权委托代理机制，明晰管理权限、落实所有者职责、维护所有者权益。具体工作内容如下：

● **储备土地资产所有权委托代理**

一是研究储备土地资产所有者职责履行模式。从全面加强国有土地资产统一储备、管护、开发、利用和监管的角度出发，提出土地储备制度创新发展模式与改革措施建议。

二是开展储备土地资产所有权委托代理理论政策创新研究。以未明确使用权人的国有建设用地为基础，探索开展从储备土地到自然资源资产储备的制度和制度体系转型研究。

● **全民所有自然资源资产出资人制度与绩效监测评价体系建立**

一是开展全民所有自然资源资产出资人职责制度研究。通过国有资产管理与国有自然资源资产管理的对比分析，梳理现有国有自然资源资产出资人现状，总结典型案例，剖析问题，研究国有自然资源资产出资人职责。

二是编制已配置全民所有自然资源资产调查技术规范，建立调查指标体系，通过摸底调查，掌握已配置资产出资情况。

● **开展全民所有自然资源资产配置研究**

针对不同自然资源资产的共同属性和配置管理要求，明确配置范围、配置程序以及划拨、出让、租赁、作价出资（入股）等配置方式，完善全民所有自然资源资产配置规则。

● **西藏自治区全民所有自然资源资产所有权委托代理机制建立工作**

一是开展西藏自治区全民所有自然资源资产所有权委托代理制度研究。研究明确国有农用地、国有未利用地的所有者职责履行主体，建立健全所有者职责履行主体依法发包或配置使用权、使用权人依法承包经营或使用的国有农用地管理制度。

二是健全西藏自治区国有建设用地使用权配置规则，坚持和完善"净地"出让，积极探索"净矿"出让。

项目通过总结分析土地储备现行模式，探索开展了从储备土地到自然资源资产储备的制度和制度体系转型研究，提出了土地储备制度创新发展模式与改革措施建议，为完善土地储备制度提供了政策支撑。通过开展全民所有自然资源资产配置研究，针对不同自然资源资产的共同属性和配置管理要求，明确配置范围、配置程序以及划拨、出让、租赁、作价出资（入股）等配置方式，完善了全民所有自然资源资产配置规则，为建立健全我国自然资源资产配置机制和相关规范提供了政策支撑。

2023年自然资源重大战略问题研究与智库建设（殡葬设施用地政策研究）

项目在充分摸底掌握相关舆情线索的基础上，围绕殡葬设施建设中涉及的空间规划、用地管理需求，从殡葬设施用地范围与用途界定、用地需求测算、合理布局规划、强化供应保障、加强服务监管等方面开展针对性研究，形成加强殡葬设施规划和新增用地保障的政策；开展历史遗留问题研究，对无审批手续、超规模建设、农村散埋乱葬违法占用耕地等突出问题，提出分类处置建议。具体工作内容如下：

一是梳理各地支持和规范殡葬设施用地管理的经验做法。由于殡葬文化存在地区差异，有的地区因地制宜出台了保障政策，审批与管理方式多样，公益性和经营性用地并存。通过对典型地区开展调研，梳理现行政策的成效，总结地方的经验做法，并于2023年10月底形成典型地区调研报告。

二是对农村散埋乱葬乱占耕地历史遗留问题提出分类处置建议。结合调研反映的情况和收集的舆情汇总，分析当前农村殡葬用地存在的典型问题，分析问题形成的原因，区分不同地类、不同主体等，于2023年11月底完成分类处置建议。

三是提出殡葬设施新增用地保障政策建议。从为群众办好"身后事"的角度出发，从规划管理、用途管制、计划保障、土地供应、按原地类或农用地管理类型、负面清单、用地监管等方面提出差别化政策建议。

项目贯彻落实习近平总书记关于殡葬工作的重要指示批示精神，加强殡葬设施用地规划与用地保障，解决由于各地文化传统不同、用地类型特殊，导致的殡葬设施用地项目选址难落地难，未批先建、规划衔接不够、用地供给不足与粗放利用并存等突出问题。针对部分地区已经出现的毁林、毁田、毁地乱埋乱葬现象，出台分类处置政策，保障殡葬设施用地供给的同时规范管理，把"葬有其所""逝有所安"作为基本民生需求的延伸，满足人民群众殡葬需求，为落实中央精神的相关要求提供决策参考。项目调研报告《关于加强殡葬设施用地保障的思考和建议》获自然资源部领导肯定。

自然资源督察执法与耕地保护监督

农村乱占耕地建房问题专项整治

项目通过开展2023年度农村乱占耕地建房问题整治核查工作，按照统一的成果核查规范和标准，对疑似农村乱占耕地建房图斑（以下简称疑似图斑）和地方自行补充图斑的摸排结果进行检查，坚决遏制新增农村乱占耕地建房用地行为，确保成果的真实准确。开展外业摸排技术支撑与服务，指导地方配合开展问题整治外业核查工作。开展农村乱占耕地建房整治试点成果的总结与应用，为整治行动在全国范围内依法依规有序全面开展提供政策建议和决策支撑，为国家出台全国性统一政策提供科学依据，建立治理农村乱占耕地建房的长效机制。具体工作内容如下：

● 农村乱占耕地建房问题专项整治国家级内业核查

利用最新遥感影像、农村建房成果和基础数据库等数据资料，对试点省份整改成果进行核查，检查试点地区是否整改到位。国家组织专业技术队伍，以县为单位，对全国2800余个县级单位提交的新增农村乱占耕地建房问题整治成果进行国家级内业核查。依据高精度遥感影像、土地调查数据库、互联网+举证照片、用地管理信息、地方填报的各类信息等，采用计算机自动比对和人机交互目视判读相结合的方法，对各地提交的农村建房成果进行第一轮全图斑内业核查，比对地方填报的信息、相关批准文件、遥感影像特征和互联网+实地举证照片，逐图斑检查建房位置、面积、批准用途等合理性，并将内业核查有疑问的图斑反馈各省（自治区、直辖市），责成地方对错误的图斑进行整改。对地方提交的2800余个县级整改成果再次进行检查，根据内业核查结果，对地方成果的质量进行评价，督促地方进行修改，以确保成果核查结果的准确、可信。

● 农村乱占耕地建房问题专项整治政策监测与评估

一是开展农村乱占耕地建房专项整治试点跟踪监测与综合绩效评估。对标对表国家乱占耕地建房专项整治决策部署及国家试点工作方案相关要求，重点从组织保障、制度建设、风险防控、整治效果四个方面开展综合评估，研究形成了专项整治试点绩效评估报告。

二是加强试点成果总结。对地方存量问题分类处置及新增问题遏制方面的好经验、好做法进行总结，提炼共性经验及差异性问题，对制度性成果进行归纳提升，研究提出了国家层面分类处置政策调整完善建议。

三是开展专项整治典型问题研究。就农村村民非法占用耕地建住宅执法职责边界问题，开展了专题研究，形成了《自然资源执法和农业农村执法关系研究报告》。

四是在总结地方经验的基础上，从体制机制、政策匹配与创新、监督监管等方面，形成了《治理农村乱占耕地建房的长效机制研究报告》。项目撰写的调研报告《耕地上建住宅，谁来查处——关于农村村民非法占用耕地建住宅执法职责边界问题的调研报告》，梳理分析了执法职责边界问题争执与基层宅基地执法困惑，总结了地方的实践探索和创新，提出了合理解决农村村民非法占用耕地建住宅执法职责边界不清问题的五种思路及建议，荣获自然资源部2023年度优秀调研报告。

项目组织专业技术队伍，创新利用土地规划数据、永久基本农田数据、农转用审批备案数据库、城乡建设用地增减挂钩项目备案数据等多种数据，结合实地照片、信息采集表等，对地方上报的农村乱占耕地建房成果进行逐图斑内业核查，要求地方及时整改发现的问题，对地方如实填报起到了极大的震慑作用，有力地保证了农村乱占耕地建房成果的真实性。全面客观研判了整治试点政策综合实施绩效，全面总结试点经验与成效，对出现的典型问题开展研究，及时纠偏，提出政策调整完善的建议，推动了相关制度与政策的更新与完善，总结形成了一批制度性成果，为下一步在全国范围内依法依规有序推进专项整治工作提供政策支持和决策支撑。

卫片执法检查信息填报系统建设

项目依托"国土调查云"平台，升级维护卫片执法填报系统，根据卫片执法进展持续开展卫片执法图斑整理与在线推送、指导地方填报等相关工作，保证2023年卫片执法工作的顺利开展。具体工作内容如下：

一是将月度图斑和套合信息通过卫片执法填报系统在线推送给地方，指导地方完成卫片执法图斑填报和外业举证工作。

二是每月完成卫片执法图斑月清标准表统计，将数据提交自然资源部执法局。

三是升级维护卫片执法填报系统，新增批量提交、批量退回、图斑整改等功能，优化逻辑校验和统计分析功能，自动挂接图斑和地块信息，减轻地方填报负担。

通过项目实施，为卫片执法工作的顺利开展提供技术支撑，系统软件成果用于2023年自然资源部的卫片执法填报工作，地方通过"国土调查云"工作平台中的卫片执法填报模块开展土地卫片执法图斑核查和信息填报工作。为加强土地监管、落实最严格的耕地保护制度及维护自然资源管理秩序提供技术支撑。通过卫片执法数据填报工作，核实相关信息的真实性，并开展相关数据处理分析，实现利用卫片执法工作遏制新增违法占用耕地行为的目的，促进严格保护耕地的落实。

卫片执法检查图斑内业核查

项目通过开展卫片执法检查图斑内业及"互联网+"在线核查工作，对31个省（自治区、直辖市）提交的2800余个县的卫片执法成果开展内业全面比对检查，促使地方如实填报执法信息，有效地保障卫片执法成果的真实、准确；对地方填报数据进行内业及"互联网+"在线核查，保证成果的真实、准确以及重大问题线索不遗漏。

项目根据《卫片执法检查图斑内业核查课题实施方案》要求，以县（市、区）为单位，结合与土地利用规划、永久基本农田和建设用地审批等信息套合分析结果、地方提交图斑批文附件等数据资料，对照遥感影像和举证照片，检查填报信息的真实性和准确性。检查合法新增建设用地、非农化违法用地、非粮化违法违规用地、其他（伪变化）图斑核实整改填报信息的真实性和准确性。对内业核查地方有异议和难以判断的图斑，通过"互联网+"在线外业平台，实时调度地方开展"互联网+"在线外业核查工作。

通过项目实施，完成了对31个省（自治区、直辖市）的土地卫片执法填报结果的内业检查工作，包括内业审核、核查结果反馈和复核以及审核结果确认和统计分析，形成了《土地卫片执法内业审核规则》，完成了2022年度内业审核不通过图斑地方整改成果的审核，以及2023年度卫片执法填报图斑的全部审核工作，为耕地保护考核提供数据依据，为提高土地卫片执法成果的规范性和准确性、遏制耕地非农化提供数据和技术支撑。

自然资源管理中的土地政策实证监测评估

项目通过开展耕地"进出平衡"机制创新和相关政策研究、设施农用地政策、土地征收征用政策实施监测评估等工作，深化土地征收征用政策研究，聚焦耕地管控性保护，强化耕地保护监管和考核，为完善土地征收征用政策体系和构建耕地保护长效机制奠定了坚实的基础。

项目开展耕地"进出平衡"机制创新和相关政策研究，年度土地征收征用政策跟踪监测评估，耕地和永久基本农田划定后日常监管跟踪监测评估，耕地占补平衡制度创新研究，设施农业用地政策跟踪监测评估，大食物观下的耕地保护制度创新研究。总结省级责任目标考核、耕地占补平衡、耕地进出平衡、永久基本农田保护等耕地保护政策实施情况，针对新时代发展需要和时代特征，配合自然资源部形成耕地保护考核测算方法和工作方案。

通过项目实施，支撑了《土地征收成片开发标准》的印发；配合耕地保护考核规则、方法建立，为耕地保护和粮食安全责任制"首考"提供关键支撑；开展耕地进出平衡实施情况分析，支撑耕地卫片实施办法调整完善，针对江苏省耕地进出平衡政策实施情况撰写的政策建议获江苏省领导批示。

耕地占补平衡制度创新研究

项目通过对耕地占补平衡补充耕地潜力测算，以及全国典型区域耕地占补平衡政策监测评估，形成差异化的耕地占补平衡对策思路及完善落实占补平衡的政策建议。为掌握耕地占补平衡潜力提供数据支撑，为改进耕地占补平衡制度提供决策依据。具体工作内容如下：

一是耕地占补平衡能力分析。通过规划建设用地规模测算和历年建设占用耕地规模趋势测算，分别获得补充耕地需求规模，综合分析补充耕地需求。通过综合考虑储备补充耕地规模、耕地后备资源开发规模、建设用地复垦规模、农用地整理规模等，综合分析补充耕地需求。从耕地占用和补充两个方面，分析至2035年的耕地占补平衡能力。

二是耕地占补平衡制度创新研究。基于上述耕地占补平衡能力分析，结合当前耕地占用和补划地类、规模时空变化，深入分析耕地占补平衡变化趋势和特征。基于实证研究方法，根据耕地占补平衡政策跟踪监测评估成果对耕地占补平衡制度进行典型问题分析；通过专家论证和系统分析，从科学性和可操作性角度，形成耕地占补平衡制度创新建议，为完善耕地占补平衡制度提供政策支撑。

项目运用最新耕地后备资源调查成果和年度国土变更调查成果权威数据，首次开展了2021—2035年耕地占补平衡实现程度分析。一是耕地后备资源持续减少，未利用地开发补充耕地潜力逐年下降；现有耕地后备资源自然禀赋差，开垦后生产潜力低、生态风险大。二是从可恢复耕种农用地来补充耕地，能有效满足全国绝大部分地区，特别是华东、西南、华南区域，落实耕地占补平衡以县域自行平衡为主的要求，避免"东南占西北补，农区占牧区补"问题；能够促进耕地流向园地、林地较多的区域加快耕地恢复，合理优化农业结构，增加耕地面积；能够促进耕地集中连片，实现所补充耕地的质量与建设占用耕地的质量相当，避免"占优补劣、占整补零"问题。

耕地卫片监督和耕地进出平衡监管实施与分析

项目基于上半年自然资源监测和年度全覆盖遥感监测，开展全国耕地卫片监督图斑处理、"国土调查云"上传等工作，并组织地方开展耕地卫片监督图斑核实填报和日常耕地流入流出图斑填报工作，为加强耕地进出平衡监管提供支撑。

项目根据耕地卫片监督和耕地进出平衡监管工作部署和要求，组织实施多周期耕地卫片监督图斑套合处理、数据上传等工作，优化"国土调查云"耕地进出平衡外业监管任务模块，组织地方开展耕地卫片监督图斑核实填报和日常耕地流入流出图斑填报工作，对地方填报结果进行汇总分析并形成分析报告。完成全国3轮次600多万个耕地卫片监督图斑的数据处理、"国土云"上传工作；组织完成全国2800多个区县3轮次耕地卫片监督图斑核实填报和地方日常耕地流入流出图斑填报工作；完成"国土调查云"耕地进出平衡外业监管任务模块优化工作，实现外业巡查填报、照片共享、统计分析等功能；编写《全国耕地卫片监督和耕地进出平衡情况数据统计及分析报告》。

项目通过耕地卫片监督与耕地进出平衡监管实施与分析工作，掌握了我国耕地"非农化"和"非粮化"、耕地空间布局等情况，为加强耕地进出平衡监管、开展耕地保护和粮食安全责任考核、改革完善占补平衡制度等提供了直接的数据支持和政策建议，为加强耕地保护、保障国家粮食安全提供了支撑，为落实和完善最严格的耕地保护制度奠定了基础。

耕地后备资源开发利用适宜性分析

项目利用全国耕地后备资源潜力数据库成果，开展耕地后备资源调查评价数据与"三区三线"划定成果、造林绿化空间范围上图成果、年度耕地进出平衡核算数据成果等相关数据的关联分析与信息挖掘工作，最大限度发挥耕地后备资源调查评价成果的综合效益，为更加科学合理地开发耕地后备资源、规范耕地占补平衡管理等提供基础数据支撑。具体工作内容如下：

● 数据收集与整理

收集、整理分析"三区三线"划定、造林绿化空间范围上图成果，以及年度耕地进出平衡核算等专题数据资料。基于耕地后备资源调查评价初步数据成果，结合耕地保护和耕地后备资源开发利用管理需求，确定数据整合处理的技术路线和方法。

● 数据整合与处理

开展耕地后备资源调查评价成果与"三区三线"划定成果的比对、处理；完善纳入耕地后备资源的其他草地范围，并将其成果与造林绿化空间范围进行套合比对、处理；开展耕地后备资源调查评价成果与年度耕地进出平衡核算数据成果的套合与处理。

● **成果统计与综合分析**

分别建立耕地后备资源调查评价数据成果与"三区三线"划定成果、造林绿化空间范围上图成果、年度耕地进出平衡核算数据成果套合分析数据集。基于上述3套数据集，根据业务需求，结合相关管理信息和评价指标，开展耕地后备资源调查评价成果综合分析和统计汇总。

项目通过开展多视角、多专题方向的耕地后备资源调查评价成果的分析研究，充分了解我国耕地后备资源的分布、可开发性和适宜性等情况，以及可高效管理和开发各类耕地后备资源情况，为最大限度发挥耕地后备资源调查评价成果的综合效益、科学制定相关耕地保护政策等提供决策依据，对保护自然环境和生态环境具有重大意义。

科技创新与对外技术服务

国土保护利用格局演变及主要问题

项目基于第二次全国土地调查和第三次全国国土调查数据，结合水资源、森林资源、草原资源、湿地资源等多源调查监测数据，开展全国及省级尺度耕地、建设用地、生态用地数量、结构、空间分布及近年来变化趋势分析，分析国土保护利用中面临的风险和挑战，并提出对策建议。具体工作内容如下：

一是从不同国土利用类型出发，分析全国及省级尺度耕地、建设用地、生态用地及其二级类的数量结构和空间格局，掌握全国不同省份不同国土利用空间的现状特征和保护情况。

二是全面分析近年来不同区域不同国土空间开发利用与保护的变化情况，探究国土空间保护利用格局演变规律。

三是结合国土空间合理开发利用和保护需求，综合考虑水资源、人口、经济社会等因素对国土空间保护利用的影响，总结当前我国国土空间保护利用存在的问题和面临的新形势、新挑战。

通过项目实施，能够全面认识国土保护利用格局现状特征、探究国土保护利用格局演变规律并分析面临的风险和挑战，为水平衡与国土保护利用现状及风险研判、国土高质量保护利用战略研究提供基础支撑，为有序统筹生态、农业、城镇等功能空间提供科学依据。

吐哈盆地建设用地开发利用状况及潜力调查评估

项目在当前以卫星遥感影像为主要数据源的背景下，综合应用无人机航摄、地理空间信息采集数据等方式，构建城镇、村庄和新能源产业用地等各类用地"空天地"立体化调查监测体系，实现建设用地的精细调查。

项目根据城市、村庄建设用地特点，从利用强度、耗地指数、弹性指数、贡献度、管理绩效、区域空间形态等多个维度，构建了节约集约利用评价技术指标体系，提出了城市、村庄和新能源产业用地节约集约利用评价模型。针对陆上风电场和光伏用地，综合考虑投入-产出效益和生态效益，构建了永久基本农田、生态保护红线、耕地占用情况、土地征转率、永久性建设用地、土地利用混合度等节约集约利用评价模型指标体系。

北京市生态保护红线实施与生态效益评价——监测分析与保护成效评价

项目以自然资源调查监测体系为基础，结合国土空间规划实施评估等要求，围绕生态保护红线内土地利用结构、生态系统质量、生态系统功能、人为活动影响以及管理能力等方面，研究构建北京市生态保护红线监测指标体系及保护成效评价指标体系。具体工作内容如下：

一是构建生态保护红线监测指标体系和成效评估指标体系。以自然资源调查监测体系为基础，遵循科学性、主导性、因地制宜、相对独立性原则，结合自然资源主管部门对生态保护红线管理和国土空间规划实施评估等工作需要，构建北京市生态保护红线生态状况监测指标体系和保护成效评估指标体系。

二是开展监测分析和保护成效试评价。在构建指标体系的基础上，综合运用多元数据，开展北京市生态保护红线监测分析。以分析结果为基础，研究提出保护成效评价技术方法、技术路径，搭建评估框架，并开展保护成效试评价工作。

三是形成研究报告。形成《北京市生态保护红线监测分析与保护成效评价报告》，为北京市生态保护红线保护管理工作提供技术支撑。

五一煤矿露采矿区新垦万亩农田技术方案设计

项目旨在将五一煤矿露天开采区整治修复为耕地，开展采矿区整治修复新垦农田资源认定、质量评定及盘活利用等政策分析，以及政策驱动框架模式设计与实践等工作。煤矿开采前即开展整治修复方案设计工作，为煤矿科学、有序开采和分步修复实施提供前期规划和依据，实现开发与保护、修复的有机衔接。

通过整治修复，为师宗县提供近万亩连片耕地。在地形以山区为主的云南省，这将为当地乃至整个云南省提供非常可观的建设用地占补平衡指标，其带来的直接经济效益颇为丰厚。

》省域国土调查空间数据多场景智能化分析框架研究

项目通过对江西省开展调研工作，了解省级自然资源管理业务、自然资源管理数据情况、自然资源管理系统和平台情况以及问题需求，基于调研的结果进行分析和梳理，形成省级自然资源管理需求的多场景、智能化数据分析模型与政策建议，为服务江西省生态文明建设和乡村振兴奠定基础。具体工作内容如下：

● 开展调研及分析

赴江西省开展调研工作，主要调研内容包括以下四个方面：一是省级自然资源管理业务工作调研；二是省级自然资源管理数据情况调研；三是省级自然资源管理系统及平台情况调研；四是问题及需求调研，对目前江西省面临的管理、技术问题及业务管理需求进行调研。

● 数据分析流程制定及分析算法模型研究

对调研结果进行分析和梳理，依据相关标准文件，结合江西省业务场景及数据情况，设计多专题、多场景的系列数据分析指标，研究指标计算方法及路线，结合空间数据处理关键技术、人工智能技术，研究常态化国土调查监测各类数据快速运算、分析的算法模型。同时，选取江西省典型地区，开展验证分析，形成相关数据产品及统计报表。

● 多业务场景智能化分析框架研究

基于问题和需求分析，研究规模适宜的多业务场景智能化分析框架，设计数据信息从业务数据库、成果库、指标产品库到主题业务分析库的数据流。设计空间大数据处理软硬件，建立业务数据访问抽取标准接口，实现指标数据的快速抽取，不断优化充实指标产品库。根据具体业务需求设计不同的主题分析库，并不断扩充成果库、指标产品库的内容，形成多尺度、多时空、多主题的数据中心和数据仓库，满足多业务智能化分析日益增长的迫切需求。

项目通过对江西省自然资源管理业务、自然资源管理数据情况、自然资源管理系统和平台情况以及问题需求进行全面梳理和分析，提出了多场景智能化的解决方案，为实现江西省国土空间数据更好地服务高质量发展，解决深层次资源环境问题提供借鉴与参考。

》东北人口收缩地区风险评估及规划技术研究

项目选择东北典型地区，构建人口收缩地区国土空间识别方法，建立人口收缩地区诊断和风险评估指标体系，开展人口收缩地区安全风险预测，形成应对人口收缩的国土空间优化和活力提升技术支撑方案，丰富基于人地关系协调的国土空间优化理论与方法。

项目开展的各项研究有助于形成应对东北人口收缩地区的国土空间规划技术支撑方案，丰富完善基于人地关系协调的国土空间优化理论与方法，支撑从国土空间规划视角系统性破解人口收缩问题。

自然资源资产价值实现路径研究

项目贯彻落实习近平总书记在全国生态环境保护大会上的重要部署，积极开展全民所有自然资源资产产权赋能体系建设，深化自然资源资产储备管护和利用制度研究，探索自然资源多要素组合配置路径，加强全民所有自然资源资产收益分配机制研究，为促进"两山论"双向转化进行技术和政策储备，对落实和维护国家所有者权益、促进资源资产高效配置、推进生态文明建设具有重要意义。具体工作内容如下：

● 开展自然资源资产储备交易机制研究

构建自然资源资产组合储备和交易模式，为加强资产统筹管理，促进资产保值增值，履行所有者职责、维护所有者权益提供支撑。储备机制方面：一是开展自然资源资产储备基础研究和理论建构；二是开展自然资源储备的两级权能划分和储备模式分析；三是开展自然资源资产储备管理政策研究。交易机制方面：一是系统梳理各地已经制定并出台的各类自然资源资产交易管理办法以及相应的交易实践，对用益物权权能、交易等概念内涵进行辨析，形成单一的或多门类的用益物权供应理论基础；二是形成自然资源资产交易管理政策框架，探索建立多要素自然资源资产组合供应的制度，构建系统完备、科学规范、运行高效的自然资源资产交易体系；三是制定全民所有自然资源资产用益物权出让合同示范文本。

● 开展自然资源资产运营资金保障及收益分配机制研究

通过分析全民所有自然资源资产收益分配的理论基础，剖析全民所有自然资源资产收益分配的现状问题和优化措施，探究全民所有自然资源资产收益分配的创新模式，促进全民所有自然资源资产有效保护和生态环境整体修复。一是系统梳理自然资源资产收益管理的经验；二是开展自然资源资产收益管理的现状分析；三是开展全民所有自然资源资产收益机制的创新实践及重点难点问题研究；四是开展全民所有自然资源资产收益机制改革思路和发展建议研究；五是开展全民所有自然资源资产收益相关保障机制研究。

● 开展自然资源资产保护和使用规划研究

立足国有资产管理视角，以充分遵循国土空间规划和用途管制为约束前提，以"整体保护、整体配置、权责利统一"为理念，以资产要素的有效供给、保值增值为基本导向，构建自然资源资产保护和使用规划编制体系。一是明晰规划的功能定位；二是构建自然资源资产保护和使用规划体系。探索构建包括配置规划和配置单元规划的两类规划体系，明确规划内涵、规划范围、功能定位、规划体系、规划原则、规划主要内容及保障措施。

通过项目实施，制定了系列技术指引和管理办法，并在江西省九江市范围内以实现资源高效配置、资产保值增值、资金收益共享、资源保护修复为目标，探索构建了九江市自然资源资产"调查确权—储备赋能—整体评估—市场交易—监管保护"全链条机制，开展了"两山"双向转化路径实践探索，为全面形成可复制、可推广的中国特色自然资源资产价值实现机制提供支撑和保障。

九江市自然资源资产储备管理办法编制

项目探究创新自然资源资产储备制度的方式，以期通过政府行权机制创新来实现对自然资源资产的统筹、调控，克服市场机制弊端，提升自然资源资产市场价值。

项目通过开展自然资源资产储备机制建立研究，形成了《九江市自然资源资产储备管理办法（建议稿）》及研究报告，明确了九江市自然资源资产储备内涵、储备客体、实施主体、储备范围、储备类型、收储原则、储备计划、前期开发与保育、管护与临时利用、储备资金管理及监督管理等内容，在九江市全市范围内得到了实际应用，破解了自然资源资产"多头储备、开发无权"，指导九江市开展了"土+矿""矿+水"的整体储备工作，改变了之前以单一土地资源储备为主的情形，探索了土地、矿、农用地等多种自然资源资产全要素储备的新模式。

盐碱地成因、分布及开发潜力研究

项目为贯彻落实习近平总书记关于盐碱地综合利用的重要指示，聚焦粮食安全"国之大者"，围绕推进盐碱地等耕地后备资源开发利用等重大需求，依托国土调查监测、耕地后备资源调查评价等成果，梳理分析全国耕地和以盐碱地为代表的未利用地分布及时空变化特征，探究不同类型盐碱地等耕地后备资源形成的自然规律和原因等，探明盐碱地等耕地后备资源开发潜力，为水利部编制全国盐碱地等耕地后备资源综合利用水资源保障方案提供支撑。

项目依托国土调查监测、耕地后备资源调查评价等重大工程，以空间信息技术、云服务、大数据等新技术为手段，创新开展了盐碱地等耕地后备资源成因、分布及开发潜力研究，为加强耕地保护和落实盐碱地综合改造利用提供了数据支持和政策参考。

项目通过开展盐碱地成因、分布及开发潜力研究，掌握了我国耕地和盐碱地等未利用地的分布、类型、变化特征、开发限制因素等，明晰了不同类型盐碱地形成的自然规律和原因，提出了盐碱地等耕地后备资源综合利用政策建议，为水利部编制全国盐碱地等耕地后备资源综合利用水资源保障方案提供了数据基础和政策支持。同时，应用于耕地后备资源开发利用、批量增加耕地研究、占补平衡政策改革等工作中，为加强耕地保护和盐碱地综合改造利用奠定了基础，社会、经济效益显著，切实贯彻落实了党中央关于开展盐碱地综合利用的重要指示精神。

第四部分

大事记
DASHI JI

1月5日 规划院牵头组织实施的2022年度全国国土利用动态全覆盖遥感监测项目主体任务顺利完成。完成了全国2800余个县级行政辖区的正射影像制作和变化信息提取任务，其中99%的成果已发放到各省（自治区、直辖市），用于年度全国国土变更调查工作。

1月10日 中共自然资源部党组研究决定：冯文利任中国国土勘测规划院院长。

1月12日 全国城市地价监测优化试点工作部署视频会议在规划院召开，会议决定在北京市、广州市、南京市、长沙市、成都市5个城市开展地价监测优化试点工作。自然资源部自然资源开发利用司莫晓辉副司长、规划院邓红蒂副院长、中国土地估价师与土地登记代理人协会王军会长参加会议。

1月17日 自然资源部自然资源调查监测司在规划院举办2022年度全国国土变更调查成果国家级内业核查培训班。自然资源部直属测绘"四局一院"等相关技术单位共500余人线上参加培训。自然资源部自然资源调查监测司杨地副司长作动员讲话，姜开勤处长主持会议。

2月7日 规划院党委书记、院长冯文利带队赴自然资源部国土空间用途管制司对接工作需求，从政策制度、技术标准、合作交流三大板块探讨规划院用途管制业务研究方向。

2月10日 规划院与自然资源部自然资源调查监测司联合举办"学习贯彻党的二十大精神主题党日活动暨自然资源调查监测体系业务交流会",会议围绕自然资源调查监测体系建设与发展进行交流。自然资源部自然资源调查监测司司长苗前军、巡视员闫宏伟,规划院党委书记、院长冯文利,纪委书记马成俊参加会议。

2月14日 自然资源部国土空间规划局、国土空间用途管制司、规划院和规划研究中心联合召开研究落实全国自然资源工作会议精神座谈会,围绕服务支撑优化国土空间格局等2023年自然资源重点工作开展研讨。

2月16日 中国地质调查局自然资源综合调查指挥中心来规划院调研自然资源一体化调查工作。双方围绕自然资源综合调查指标体系设计、技术路线探索、业务支撑体系构建等方面展开深入交流。

2月28日 规划院作为技术支撑单位参与编制的《集体经营性建设用地使用权出让合同》《集体经营性建设用地使用权出让监管协议》示范文本(试点试行)由自然资源部办公厅、国家市场监督管理总局办公厅联合印发。

2月6日—10日 江西省、浙江省、湖南省、安徽省、云南省等省自然资源厅和省规划院有关领导先后到规划院座谈,围绕国土调查、国土空间规划、数据成果转化与科技创新等工作进行交流讨论,深化共识,探索未来合作发展方向。

2月26日 规划院牵头编制的《聊城市国土空间总体规划（2021—2035年）》通过评审，成果获得聊城市委、市人大、市政府、市政协高度肯定。最终成果由山东省政府正式批复同意。

2月—3月 规划院开展"深入一线·开启新年季"主题调研工作，领导班子深入各部门开展调研，聚焦全国自然资源工作会议精神，抓住重点任务和关键环节，做好谋篇布局。

3月3日 自然资源部科技发展司何凯涛副司长一行到规划院调研部科技创新与人才政策落实情况。规划院就进一步加强科技创新平台建设、完善激励机制体系建设、高层次人才与青年科技人才培养等方面提出建议。

3月8日 为纪念"三八国际劳动妇女节"，规划院工会联合自然资源部咨询研究中心和矿产资源储量评审中心举办了以"幸福生活·如花绽放"为主题的花艺培训活动，本次活动共有130多名女职工参加。

3月10日 规划院纪委组织召开年轻干部警示教育大会。对年轻党员干部违纪违法典型案例等进行通报，开展纪律教育。纪委书记马成俊主持会议。

3月13日 由中国土地学会和规划院共同主办的《中国土地科学》期刊发布"2022年国内十大土地科学问题研究进展""2023年《中国土地科学》重点关注问题及选题方向"，紧扣时代发展主题，总结2022年研究进展，展望2023年土地科学研究重点。

3月14日 规划院参与编制的《节约集约用地论证分析专章编制与审查工作指南（试行）》由自然资源部发布，用于指导各级自然资源主管部门组织做好节约集约用地论证分析专章的编制与审查工作。

3月14日—17日 规划院组织召开国土变更调查工作机制优化专题研讨会，科学谋划2023年度国土变更调查遥感监测与成果核查等相关工作，优化完善国土变更调查工作机制和程序方法。

3月16日 规划院组织召开宣传工作专题研讨会，贯彻落实自然资源部宣传工作专题会议精神，聚焦自然资源宣传热点，蓄力发声。文摘报社、中国日报社等国家主流媒体以及自然资源部办公厅新闻宣传处、自然资源部宣传教育中心和中国自然资源报社等自然资源部有关司局和直属单位受邀参会。

3月17日 《中国土地科学》期刊在中国社会科学评价研究院发布的《中国人文社会科学期刊AMI综合评价报告（2022）》中，被评为"2022年度中国人文社会科学期刊AMI综合评价"核心期刊。

3月24日 全国地理信息标准化技术委员会信息化分技术委员会（TC230/SC1）组织召开标准送审审查会，规划院牵头研制的两项行业标准《地籍数据库 第1部分：不动产》和《地籍数据库 第2部分：自然资源》顺利通过审查。

3月 规划院主持研发的两项创新技术成果"一种局部狭长土地利用矢量图形的检测方法"（专利号：ZL202010096719.5）和"一种复杂多内环矢量图形空间叠加优化方法"（专利号：ZL202011264603.4）获国家知识产权局授权。

3月—4月 规划院开展了覆盖全国开发区的土地潜力测算研究工作，形成《产业园用地潜力测算技术方案》，编写完成《全国产业园用地潜力分析报告》。

4月6日 规划院召开"土地管理与国土空间规划实务课程"研讨会。实务课程自2020年9月开始，已在清华大学建筑学院开办三期，旨在帮助学生拓宽知识面，更好地将规划理论与实践需求相结合。

4月14日 规划院召开全国城镇开发边界划定情况分析研讨会。自然资源部国土空间规划局杨浚副局长一行来院参会，规划院冯文利院长、田春华副院长出席会议。

4月16日 规划院召开学习贯彻习近平新时代中国特色社会主义思想主题教育动员部署会，学习传达王广华部长在自然资源部主题教育部署会上的讲话精神，对规划院开展主题教育进行动员部署。

4月19日 规划院组织编制的行业标准《光伏发电站工程项目用地控制指标》（TD/T 1075—2023）和《国土调查数据缩编技术规范》（TD/T 1076—2023），通过全国自然资源与国土空间规划标准化技术委员会审查，经自然资源部批准、发布，自2023年8月1日起实施。

4月22日 《中国土地科学》编辑部与江西农业大学土地资源利用与保护研究中心、江西省鹰潭市余江区人民政府共同主办的"宅基地'三权分置'的有效实现"学术研讨会在余江区顺利召开。

4月25日 冯文利院长带队赴成都市参加全国自然资源和不动产确权登记工作会议,自然资源部党组书记、部长王广华出席会议并讲话,副部长刘国洪作会议总结发言。冯文利参与会议研讨,并带队先后赴四川省国土科学技术研究院和成都市温江区调研自然资源调查监测工作。

4月27日 规划院组织召开2023年工作会议。规划院党委书记、院长冯文利在会上作《继往开来 团结奋斗 在新征程上奋力谱写规划院事业高质量发展新篇章》主题报告,总结了规划院成立35年来各项工作取得的主要成绩和重要进展,分析了面临的形势,提出了今后一个时期的工作思路和2023年重点工作。

5月4日 规划院作为技术支撑单位承担编制的《工业项目建设用地控制指标》通过自然资源部部长办公会审议。该指标的发布实施将进一步助推地方工业产业高质量发展。

5月18日 规划院召开2023年党风廉政建设和反腐败工作动员部署会。党委书记、院长冯文利,副院长田春华、宋海荣出席会议,纪委书记马成俊主持会议,规划院全体干部职工参加会议。

5月23日 自然资源部自然资源确权登记局和规划院牵头起草的国家标准《地籍调查规程》（GB/T 42547—2023）通过国家市场监督管理总局、国家标准化管理委员会批准并公开发布，自2023年9月1日起实施。

5月28日 《中国土地科学》编辑部联合中国土地学会国土整治与生态修复分会、浙江财经大学土地与城乡发展研究院在浙江省杭州市成功举办面向中国式现代化的土地综合整治研讨会。

5月29日 全国自然资源调查监测技术与应用交流研讨会在长沙市举办，冯文利院长应邀参会并作了题为《"业务引领+科技赋能"双轮驱动，不断谱写自然资源调查监测评价事业新篇章》的主题报告。

5月29日 规划院参与编制的《国土调查类项目支出标准（2023年）》通过了自然资源部财务与资金运用司、自然资源调查监测司组织的专家评审。该标准将为各级自然资源主管部门国土调查类项目的经费预算编制提供参考依据。

5月30日 规划院牵头编制的《园地估价规程（送审稿）》经全国自然资源与国土空间规划标准化技术委员会土地资源利用分技术委员会审查通过，计划于2024年发布实施。

5月31日 规划院与萍乡市自然资源和规划局共建"萍乡市土地政策实证研究基地"，冯文利院长为基地授牌。该基地的建立进一步充实了规划院土地政策研究和实证监测评估技术力量，为打造"实体部门+实证基地+实务专家"相结合的政策研究开放平台奠定了基础。

5月31日 在自然资源部主题教育第七巡回指导组的指导下，中国国土勘测规划院党委、中国自然资源报社党委与萍乡市自然资源和规划局党总支联合开展"学思想、续血脉、入基层、促发展"联学联建活动。党委书记、院长冯文利，纪委书记马成俊，副院长宋海荣出席活动。

5月 规划院编制的《自然资源部土地科学数据中心组建与运行方案》通过自然资源部科技发展司组织的专家评审，自然资源部土地科学数据中心建设工作正式启动。

6月8日—9日 规划院在安徽省黄山市举办地籍调查创新示范交流研讨会，自然资源部自然资源确权登记局副局长胡善顺、规划院副院长宋海荣出席会议，自然资源部自然资源确权登记局、规划院相关人员和特邀专家代表，以及来自15个省（自治区、直辖市）自然资源主管部门登记局（处）和地籍调查工作示范点负责同志参加会议。

6月15日 规划院与北京市城市规划设计研究院战略合作签约仪式在北京市举行。双方将在共建中国国土勘测规划院北京土地政策实证研究基地、协同共建创新平台、联合人才交流培养等方面开展深度战略合作。同日，两院联合举办了"逐梦奋进二十大·共筑心中规划院"青年主题演讲比赛。规划院党委书记、院长冯文利，北京市城市规划设计研究院党委书记、院长石晓冬出席活动。

6月18日—21日 冯文利院长带队赴新疆维吾尔自治区开展"深入推进调查监测数字化转型，服务支撑国土空间治理能力现代化"主题工作调研。

6月19日 第三次新疆维吾尔自治区综合科学考察"吐哈盆地土地资源承载力与生态农业调查评估"项目科考工作启动会在吐鲁番市顺利召开，党委书记、院长冯文利出席会议并致辞。

6月25日 规划院与北京市城市规划设计研究院等单位共同举办"构建现代化产业体系的土地要素保障"研讨会，会议聚焦规划自然工作保障服务支持实体经济高质量发展展开。冯文利院长出席会议并致辞。

6月26日 原国土资源部党组书记、部长、国家土地总督察，自然资源智库指导委员会主任姜大明一行到规划院调研自然资源智库建设开展情况。规划院领导班子及各部门主要负责同志参加调研。

6月27日 冯文利院长应邀出席2023地理信息软件技术大会高峰对话，围绕"ChatGPT技惊四座，AI大模型不断涌现，空间智能面临哪些机遇与挑战"的主题与相关院士、专家和学者开展交流讨论。

6月28日 自然资源部综合司来函，对规划院长期以来编印的业务简报《地政研究动态》给予高度认可，认为其内容详实、视野开阔，具有较强的理论和实践指导意义，为自然资源部开展自然资源重大问题研究、起草重要文稿等工作提供有力支持，并正式提出常态化报送需求。

6月29日 自然资源部党组成员、国家自然资源副总督察陈尘肇一行来规划院开展调研工作。调研组观看了全国土地基础数据库和"国土调查云"汇报演示并召开座谈会。规划院党委书记、院长冯文利主持会议并代表规划院党委和纪委作工作汇报。

6月29日—30日 由自然资源部科技发展司主办，规划院和江苏省土地勘测规划院承办的"自然资源部陆地自然资源生态系统野外科学观测研究站学术交流会"在南京市顺利召开。

6月30日 党委书记、院长冯文利以"严格落实安全责任，确保平稳运转"为题为全院职工讲授安全生产公开课。

6月—8月 规划院编著的《中国耕地资源质量分类》《中国耕地资源自然地理格局研究》《中国耕地资源气候条件研究》《中国耕地资源土壤条件研究》《中国耕地资源土壤微生物多样性研究》《耕地资源质量分类技术问答》《耕地质量评价方法体系与应用示范研究》7本专著，由中国大地出版社出版发行。

7月6日 规划院"国土调查国家级数据产品加工及应用服务"项目，获2023地理信息产业优秀工程奖金奖。

7月18日 规划院与中国日报社在北京市签署国际传播战略合作框架协议。双方将加强全面合作和资源共享与对接，用多元化的国际传播模式和融合传播手段，对外阐述习近平新时代中国特色社会主义思想，聚焦新时代中国自然资源规划与保护实践，讲好中国故事，传播好中国声音。

7月20日 自然资源部土地利用重点实验室顺利通过自然资源部组织的自然资源部重点实验室评估。

8月1日 规划院参与编制的全国首部地籍调查术语方面行业标准《地籍调查基本术语》（TD/T 1077—2023）正式实施。该标准界定了地籍调查中不动产与自然资源、不动产单元与自然资源登记单元、地籍调查、权属调查、不动产测绘、地籍调查成果等术语和定义。

8月14日—18日 冯文利院长等4位同志应邀参加甘肃省自然资源厅举办的自然资源调查监测业务培训班，冯文利院长以"'天空地网'自然资源调查监测技术体系建设"为题进行授课。

8月15日 规划院组织编撰的《中国生态保护红线蓝皮书（2023年）》在全国首个生态日正式发布。这是我国首次以蓝皮书形式发布生态保护红线成果，中央电视台、人民日报社等国家主流媒体及行业媒体进行了广泛报道，引起社会高度关注。

8月15日 首个全国生态日之际，由中国土地学会土地生态分会主办，自然资源部土地利用重点实验室和国土空间规划工程技术创新中心等单位承办的"第四届中国土地生态学学术研讨会"在贵阳市顺利召开。会议围绕"人与自然和谐共生与生态安全格局构建"主题,邀请知名专家学者分享最新研究成果,规划院郭旭东研究员作特邀报告。规划院副院长邓红蒂出席会议并主持大会开幕式。

8月18日 冯文利院长带队赴国家自然资源督察西安局调研交流。西安局党组书记、局长江国栋主持召开座谈会,冯文利院长应邀作题为《"业务引领+科技赋能"双轮驱动不断谱写自然资源调查监测评价事业新篇章》的主题报告。

8月18日 规划院用途管制研究所成立。职责是承担用地审批、规划许可、土地利用计划、国土空间用途管制规则等国土空间用途管制技术研究工作,专职支撑自然资源部国土空间用途管制司业务工作。

8月23日—24日 规划院在内蒙古自治区鄂尔多斯市召开2023年度土地政策实证研究基地交流会,会议主题为"共商地政基地建设 共话耕地保护制度"。

8月29日—30日 规划院举办首届全国国土空间规划年会。中国工程院院士吴志强、中国科学院院士段进、中国工程院院士陈军分别作主旨报告,40多位专家作交流发言。年会由规划院主办,福州市自然资源和规划局承办。来自国土空间规划从业机构、自然资源部工程技术创新中心等各方代表共4万余人线上线下参会。

9月7日 规划院牵头起草的国家标准《省级国土空间规划编制技术规程》（GB/T 43214—2023）正式发布，并于2024年1月1日正式实施。该标准深入落实党中央、国务院关于"多规合一"决策部署，为规范省级国土空间规划编制和实施监督提供了技术支撑。

9月8日 冯文利院长带队赴自然资源部国际合作司对接业务工作。陈丹红司长、范黎副司长、姜晓虹副巡视员及自然资源部国际合作司有关处室的同志参加会议。

9月8日 自然资源部自然资源开发利用司召开完善城市地价动态监测工作视频部署会，全面部署105个国家级地价监测城市完善地价动态监测工作，自然资源部田文彪总工程师出席会议并讲话，规划院田春华副院长出席主场会议。

9月8日 由自然资源部自然资源调查监测司组织、规划院承办的2023全国国土利用动态全覆盖遥感监测技术培训会在北京市召开，自然资源部调查监测司王华斌副司长出席会议并讲话。培训会的召开标志着2023年度遥感监测生产任务正式启动。

9月14日 规划院支撑编写的《关于开展低效用地再开发试点工作的通知》由自然资源部发布。规划院将在15个省（市）的43个城市（区）推进试点工作，建立定期报送制度，形成工作简报，深入推进低效用地再开发工作。

9月19日　规划院召开自然资源部国土空间规划工程技术创新中心建设座谈会。会上，自然资源部副部长庄少勤为创新中心技术委员会主任郭仁忠院士、陈军院士和创新中心主任冯文利研究员颁发聘书。

9月21日　规划院与国家基础地理信息中心等单位联合申报的国家重点研发计划"自然资源一体化监测监管动态服务计算平台关键技术与示范应用"项目通过科技部立项答辩。规划院承担自然资源核心业务知识化监管与服务课题和自然资源跨层级知识化监管服务国家级示范应用子课题。

9月25日　冯文利院长受邀在第二届全球滨海论坛开幕式上发布《中国生态保护红线蓝皮书（2023年）》（英文版），受到与会中外方代表的高度赞扬。

9月25日　规划院参与中国科学院地理科学与资源研究所牵头申报的中国人类活动地理空间特征调查与数据产品研制基础资源调查专项获科技部批复，规划院承担"重要基础设施地理空间特征分析与产品研制任务"课题。

9月27日　规划院召开学习贯彻习近平新时代中国特色社会主义思想主题教育总结大会，党委书记、院长冯文利作总结讲话。全体干部职工参加会议，自然资源部主题教育第七巡回指导组领导受邀出席。

9月27日　规划院组织编制的行业标准《国土调查数据库更新数据规范》（TD/T 1083—2023）通过全国地理信息标准化技术委员会审查，经自然资源部批准、发布，自2023年11月1日起实施。

9月28日　规划院全程参与的上海市崇明东滩国际重要湿地完成自然资源确权登记。这是我国首个由国家登记机构开展的自然资源确权登记，也是中央政府直接行使所有权的国际重要湿地首次实现登簿。

10月10日　规划院召开自然资源部党组第五巡视组巡视中共中国国土勘测规划院委员会工作动员会。根据二十届中央任期内部党组第一轮巡视的统一部署，自然资源部党组第五巡视组进驻规划院开展常规巡视。

10月12日—13日　规划院配合自然资源部在江苏省南京市举办2023年度全国国土变更调查业务培训班，就国土变更调查实施方案、政策、技术要点等内容进行培训，为变更调查工作顺利开展奠定技术基础。

10月15日　《中国土地科学》编辑部联合中国资源环境与发展研究院、农村土地资源利用与整治国家地方联合工程研究中心共同主办，南京农业大学公共（土地）管理学院承办的"面向中国式现代化的国土空间治理"学术研讨会在南京市成功举办。

10月16日　规划院根据自然资源部人事司安排,组织召开干部会议,宣布中共自然资源部党组的任职决定:任命许亮同志为规划院党委委员、专职副书记。

10月16日　自然资源部自然资源确权登记局、科技发展司和规划院通过线上、线下相结合的方式,联合召开《地籍调查规程》(GB/T 42547—2023)宣贯解读会。全国各省(自治区、直辖市)、市、县自然资源主管部门及相关企事业单位人员约3.5万人观看解读会视频直播。

10月19日　由联合国粮农组织、自然资源部国际合作司、规划院共同主办的"2023年世界粮食论坛全球青年论坛"分会——"青年助力科技创新,共同保障粮食安全"线上会议顺利召开。

10月25日　规划院受邀参加河南省2023年自然资源调查监测业务培训会暨"国土调查云河南分中心"授牌仪式,自然资源部自然资源调查监测司副司长杨地、规划院党委书记、院长冯文利,河南省自然资源厅党组书记、厅长陈治胜,安阳市委副书记、市长高永出席会议。

10月26日　党委书记、院长冯文利率信息工程支部、调查支部和用地储备支部联合河南省国土空间调查规划院等单位,共同开展以"弘扬红旗渠精神,奋进自然资源新征程"为主题的联学联建活动。

10月27日　规划院党委组织相关支部走进雄安新区,与雄安新区自然资源和规划局党组联合开展"牢记初心使命、延续红色血脉、践行千年大计"主题党日暨联学联建活动。

10月27日 《中国土地科学》期刊在《中国学术期刊国际引证年报》（2023版）人文社科类学术期刊中排名第20位，比上年前进4个位次，再次获评"中国最具国际影响力学术期刊"。

10月30日—11月3日 世界银行首席土地专家 Mika-Petteri Torhonen一行来访规划院商讨合作事宜，双方就拟合作的项目方向及形式进行深入交流。规划院冯文利院长出席见面会，宋海荣副院长主持会议。

10月31日 规划院牵头起草的行业标准《主体功能区优化完善技术指南》（TD/T 1087—2023）正式发布，自2024年1月1日起实施。该标准主要规范了在省级和市（县）级国土空间规划编制及修改中，优化完善主体功能区的内容方向、规则程序和技术方法。

10月31日 规划院参与起草的自然资源部行业标准《海域资源资产核算技术规程》（TD/T 1088—2023）和《征收农用地区片综合地价测算规程》（TD/T 1089—2023）正式发布。

11月1日 规划院与北京大学城市与环境学院战略合作签约仪式在北京市举行。双方将在国土空间规划、土地政策、自然资源利用、生态保护、国际合作等领域进行深度战略合作，共建自然资源部国土空间规划工程技术创新中心、自然资源部国土空间规划与开发保护重点实验室、科研学术合作和人才交流培养平台。

11月2日 规划院组织开展2023年底线类工作教育培训会，进一步提高干部职工底线类工作安全防范意识，强化防范技能，督促主体责任制落实，全院干部职工参加培训。

11月9日 在印度尼西亚巴厘岛召开的联合国地理空间信息管理专家委员会亚太区委会（UNGGIM—AP）全体代表大会上，规划院冯文利院长成功当选联合国全球地理空间信息管理专家委员会亚太区委会第12届会议执行局委员。

11月10日 规划院起草的《支持城市更新的规划与土地政策指引（2023版）》由自然资源部办公厅印发。该指引从规划管控、土地配置、开发利用、税费管理、确权保障等环节，明晰了支持城市更新的土地利用相关政策。

11月16日 规划院分别与江西省国土空间调查规划研究院、山东省国土空间规划院、宁夏回族自治区自然资源勘测调查院、黑龙江省国土空间规划研究院4家单位联合申报的"生态保护红线监测监管关键技术及应用示范"等4项部省合作项目成功获批立项。

11月16日 规划院与阿里云在北京市召开科技创新交流会。双方就数字生态文明背景下云计算、行业大模型、人工智能等技术应用以及拟联合开展的研究主题进行深入交流。双方将面向实践需求，依托各自优势，聚焦研究主题，加强协同攻关，共同助力国土空间治理数字化转型。

11月18日 冯文利院长赴广西壮族自治区南宁市参加2023年中国自然资源科学大会,作主题为《筑牢生态安全屏障,拓宽"两山"转化路径》的主旨报告,并调研广西壮族自治区自然资源调查监测工作。

11月19日 2023年中国土地学会学术年会在北京市顺利召开,主题为"土地使用制度创新与乡村振兴"。年会开幕式和学术报告同步网络直播,收看人数达55万人次。

11月20日 规划院纪委组织专兼职纪检干部赴北京市通州区人民法院,观看受贿案件庭审现场,开展"零距离"实地观摩+"全方位"法治课堂+"沉浸式"警示教育活动。

11月22日 自然资源部自然资源调查监测司在中国地质调查局自然资源综合调查指挥中心组织召开全国国土变更调查国家级地类核查工作启动会。规划院技术负责人员在会议现场开展实操指导和技术答疑。

11月23日 《中国土地科学》期刊入选《世界期刊影响力指数(WJCI)报告(2023)》有机和可持续农业、农业经济学学科Q1区,总被引频次3304次,WJCI指数为3.509。

11月23日 规划院组织召开自然资源资产设权赋能专题研讨会。自然资源部咨询研究中心、国务院发展研究中心、北京大学、中国人民大学、南京大学、苏州大学、中国财政科学研究院等单位相关专家参会。

12月4日 规划院牵头完成的"实用性村庄规划理论与实践"项目荣获2022年度自然资源科技进步奖一等奖。该项目探索了一条乡村可持续发展路径,对"中国式乡村"建设具有突出的示范效应和较强的指导作用,为科技创新发展贡献了自然资源力量。

12月4日 规划院根据自然资源部人事司安排,组织召开干部会议,宣布中共自然资源部党组的任职决定:任命郭旭东同志为规划院副院长兼总工程师。

12月4日 由自然资源部国土空间规划局指导,自然资源部国土空间规划研究中心和规划院承办的首届自然资源与生态文明论坛"生态文明·可持续发展的国土空间蓝图"主题论坛在浙江省湖州市安吉县举行。规划院院长冯文利出席并主持"地方实践座谈"环节。

12月4日 规划院与中国地质环境监测院等单位联合申报的国家重点研发计划"多尺度地质灾害风险动态防控关键技术研发"项目获立项批复,规划院承担"面向地质灾害防御的国土空间韧性评估与智能检测"课题。

12月5日 冯文利院长带队赴阿里巴巴集团和杭州市城市大脑运营指挥中心调研,实地参观飞天云计算操作系统、云计算基础设施产品、人工智能平台、大模型建设等信息化成果,召开创新中心建设交流座谈会。

12月5日 自然资源部公布了野外科学观测研究站建设名单，规划院组织申报的海河流域国土生态与土地利用野外科学观测研究站等4家野外站纳入部野外科学观测研究站系列。至此，规划院组织建设的部级野外站已达到11个。

12月6日，规划院受邀参加"国土调查云宁波分中心"授牌仪式，并在宁波市进行业务工作调研。冯文利院长与宁波市自然资源和规划局孙义局长共同签署了共建"国土调查云宁波分中心"合作协议书，并为"国土调查云宁波分中心"授牌。

12月15日 规划院参与起草的中国土地估价师与土地登记代理人协会团体标准《土地估价参数调查测算指引》（T/CREVA 1101—2023）正式发布。

12月15日 在自然资源部自然资源调查监测司统筹部署下，规划院牵头完成2023年度全覆盖遥感监测主体生产任务，年度监测成果已全部分发各地开展年度国土变更调查，遥感影像和监测图斑已实时动态上线"国土调查云"，为年度变更调查工作顺利实施奠定基础，为耕地保护和粮食安全责任制"首考"提供保障。

12月18日 规划院与自然资源部国土空间规划研究中心等单位联合申报的国家重点研发计划"国土空间规划实施监测网络关键技术研发与应用"项目获立项批复。规划院承担"国土空间安全底线管控状态快速识别与评价预警技术"课题和"国土空间规划实施监测指标体系"子课题。

第四部分 大事记

12月18日 规划院与自然资源部国土空间规划研究中心等单位联合申报的国家重点研发计划"面向文物保护与利用的国土空间规划关键技术研发与应用"项目获立项批复。规划院承担"国土空间文物资源资产价值评估技术"和"基于国土调查数据的国土空间文物多源异构数据衔接标准研制与可视化表达"两项子课题。

12月18日—19日 全国地籍调查创新示范交流研讨会在江苏省宿迁市召开，自然资源部自然资源确权登记局副局长胡善顺、规划院副院长宋海荣出席会议。

12月20日 中共中国国土勘测规划院党员大会顺利召开，圆满完成"两委"换届工作。规划院党委专职副书记许亮主持会议，党委书记、院长冯文利代表规划院党委向大会报告工作。全院127名在职和离退休党员参加会议，会议选举产生新一届中共中国国土勘测规划院委员会和纪律检查委员会。

12月23日 由中国土地学会地籍分会、中国测绘学会不动产测绘工作委员会和规划院联合举办的以"优化地籍调查技术体系，推进国土调查数字化转型，为高质量发展提供丰富的自然资源数据要素保障"为主题的学术年会在北京市成功举办。

12月23日 由北京大学城市与环境学院主办、规划院等单位合作举办的"构建高质量发展的国土空间体系研讨会暨第六届北京大学规划论坛"在北京大学召开。规划院冯文利院长出席论坛并作主旨报告。

12月26日 自然资源部土地科学数据中心授牌暨门户网站开通并投入试运行。自然资源部土地科学数据中心以规划院为主中心，构建"主中心+分中心+节点"方式，形成土地科学数据联盟，汇聚土地领域资源，共建共享共赢，在服务国家科技创新同时，提供行业智库和高端服务，打造数字化转型新发展模式平台。

12月26日 规划院召开国土空间规划工程技术创新中心2023年技术委员会会议。自然资源部科技发展司何凯涛副司长、有关专家、共建单位代表和创新中心科研人员代表参会。

12月26日—27日 全国国土勘测规划院调查监测业务交流会在贵阳市召开，主题为"数智赋能·助力自然资源调查监测高质量发展"。会上，"国土调查云"4.0正式发布上线，这标志着"国土调查云"的建设与推广应用进入新阶段。

12月29日 规划院用途管制所祁帆副所长在参加"2023年度国务院推动高质量发展综合督查"工作中，获国务院办公厅督查室通报表扬和感谢，被授予"2023年度国务院推动高质量发展综合督查'优秀督查队员'"称号。

12月底 规划院配合自然资源部国土空间用途管制司开展增减挂钩节余指标跨省域调剂项目核查工作，圆满完成脱贫攻坚期城乡建设用地增减挂钩节余指标跨省域调剂项目核查，核查结果为扶贫资金转移支付提供依据。

1月—12月 为贯彻落实党中央、国务院要求，按照自然资源部领导有关指示要求，规划院配合自然资源部自然资源所有者权益司起草了《划拨用地目录（送审稿）》《关于探索推进城市地下空间开发利用的指导意见（拟发稿）》。

1月—12月 规划院《中国土地科学》编辑部、浙江大学公共管理学院、华中农业大学公共管理学院、南京农业大学公共管理学院、中国农业大学土地科学与技术学院、四川大学公共管理学院、东北大学文法学院联合举办了12期"山与水"系列线上讲座。

7月—12月 规划院指导31个省（自治区、直辖市）及新疆生产建设兵团完成了全国590个国家级开发区、2158个省级开发区、1804个二类产业园的土地集约利用情况调查，形成了年度土地集约利用监测统计成果；出版了《中国城市建设用地节约集约利用报告No.3》《中国城市建设用地节约集约利用报告No.4》。

9月—12月 冯文利院长主持的自然资源资产价值实现路径研究，围绕自然资源资产产权赋能、整体储备、配置规划、组合供应、市场交易及收益分配等方面，形成"1+3"研究报告和"2指引+3办法"制度性成果，获自然资源部庄少勤副部长和刘国洪副部长重要批示。